佳樂，莫宸 著

「你不肯受他們擺布，就會被扣上罪惡的帽子。」

「你不去招惹他們，他們也能想方設法設下圈套，讓你成爲他們的傀儡。」

「我後悔自己沒有生活在自由民主的臺灣，身在中國，很擔心自己有一天會被陷害。」

——一個飽受政府壓迫的中國人最眞誠的自白

目錄

自序

你的將來感謝你的磨難
忠於心中的信仰

第一章：不忘初心，方得始終

為什麼我們不快樂？……016
成功一要素——堅持做擅長的事……017
原來，我是這樣過來的……019
生命的出口……026
幸福是什麼？……027
造心的工程……028
哪國的護照吃香？……029
為什麼不願意加入中國作家協會？……030

目錄

父親開車撞死女兒，誰的問題？……031
為什麼鄧麗君比王菲厲害？……034

第二章：給落魄加點料

男人的悲哀……038
大人物的苦惱……039
窮人最擔心什麼？……041
三觀不同，相互尊重……043
痛苦的根源……045
莫言的退稿信……046
爸爸代替兒子去自首……048
為什麼總會有人為難你？……050
「金陵十二釵」的十二種人生啟示……052

第三章：這樣的不期而遇真讓人不舒服

你是否活在了最好的歷史時期？……062
為什麼別打開深夜的好友動態？……065
謝謝你，曾陪我走過……066
選一人過一生，擇一城而終老……068
愛上不值得愛的人多麼痛苦……069
睡夢中常遇到哪三種人？……071
朋友的四品……073
普通人的人生五樣與偉人的人生五樣……074
看電視劇的負面作用……077

第四章：如何才能夠擺脫困境？

到底誰在受歧視？……080
心情不好的時候，常去這三種地方！……082
安迪的新生……084

目錄

陪伴是最好的安慰……086
活得很壓抑怎麼辦？這樣調節很重要！……088
為什麼對小國的印象那麼深刻？……091
換個角度，原來是這麼可愛！……093
做一道有自己特色的語言大餐……095
社群媒體有這九種表現的人不值得深交……098

第五章：鳳凰涅槃浴火又重生

是什麼讓我們倒退？……104
永遠定格的青春……105
怎樣才會長得更好看？……107
願你與溫暖相擁……110
為什麼有的人想不開？……112
體驗不一樣的生活……115
信任是多麼重要……117
讓更多的人喜歡你……119

第六章：沒有消息就是最好的消息

關心忽然間消失的人……124
改名換姓是什麼樣的情懷？……126
藝名、筆名的取用與忌諱……128
最難能可貴的是時間……133
寂寞中的奮起……135
為什麼兄弟會反目成仇？……137
隱藏好友動態，是在抵制著什麼？……139

第七章：今日人下人，明日人上人

低層次人士的九種表現……144
從理想到現實的途徑……148
怎樣才會被尊敬？……151
用對人的學問……153
如何得知別人喜歡你……158

目錄

多年之後，願你我活得最像自己！……163
為什麼活著的時候被迫害，死了後被珍惜？……167
一個人變強的五種跡象！……167
尋找人生下一站……170

第八章：你又醒悟了什麼？

二十年目睹現狀……174
人死了後去了哪裡？……176
哪些是長久屬於你的？……177
為何不願意結婚？……179
為什麼有的人不願意買房？……182
擁有一套屬於自己的房子……186
美女們的歸宿是什麼樣的？……188
青燈古佛，天倫之樂，哪一個是你的歸宿？……190
你打拚的城市，決定你的運氣……193
中國歷代王朝的九個發展規律，你都記住了嗎？……196

你真的懂父愛嗎？爸爸要看的教子祕訣！……199

第九章：枯燥的日子裡，有最美的意外

難得靜默好時光……208
所謂的幸福……209
枯樹開花……210
把打拚留給懂的人……212
請珍惜幫你拍照的人……214
選擇對我們好的人過一生……217
運動讓人生充滿生機……219
為什麼有時候覺得日子過得快？……220
酒後的十三種醉態，歡迎對號入座！……222
六種跡象，代表你可能要走運了！……226

目錄

第十章：最差的時光遇見最好的自己

別讓生命留下遺憾……232
改變世界的是怎樣的人？……233
你永遠不知道孤獨有多麼重要……235
不合群，有這三種特徵，路會越走越好！……237
美，人們有著怎樣的共識？……239
打造充滿溫馨和諧的家……242
移民的動機是什麼？……244
為什麼週六、週日的時候比較寬心？……247

自序

你的將來感謝你的磨難

日本作家村上春樹說：「你要走過黑暗和地下，才能見到光。」

二〇一九至二〇二一年，我被中國共產黨害慘了，將近一億秒，每一秒都像一個世紀那麼漫長。

之前，我從來不知道自己會遭到禍害，以為光明磊落做人，就會相安一隅一輩子，我還是太天真了，不去招惹他們，他們總會想方設法給你設下圈套，讓你成為他們的傀儡。

我是一個自由人啊，我不犯人，奈何人來左右我。更可氣的是，他們把我當作一九六六至一九七六年「文化大革命」中的文人批鬥。

我終於明白，泱泱大國，獲得諾貝爾獎人數少得可憐的關鍵所在。

這二十多年來，我夜以繼日，幾乎耗盡了整個生命，力求為人類做出貢獻。他們非得橫插一刀，說：「你錯了！」

你不在他們的擺布之下，他們就會給你扣上種種罪惡的帽子。

我現在好後悔，我沒有生活在臺灣民主、自由的環境之下，要不，不光我，千千萬萬個國

自序

民會成為有用之人。

身在中國，真的很擔心，因為不知某一天就會被陷害。

他們還恬不知恥對外宣傳：「為人民服務！」誰對我們好，誰對我們不好，我們心裡不清楚嗎？

他們恨不得每個人都能成為他們的奴隸。

他們荼毒生靈，漠視民意；他們恫嚇百姓，挖心刨肺，世上竟還有這般的黑暗？豈不知，被他們美化的繁榮遮掩！

我們需要做好本分，哪有時間和精力鬥得過陰險的他們？

他們專職扭曲人們的世界觀、價值觀，可悲啊！

有句話說：「痴心的人目標就一定專注，所以痴心於書本的人，文章必定工整；痴心於工藝的人，技術一定精良。」

沒有中國共產黨，我對得起天地良心，我可能早就是個人才，畢竟！

自我們剛來到這個世上，很多孩子為了防止家破人亡，不得不虛報大歲數；後來，我們上學了，他們又說未來屬於我們，直到我們走上了社會，才知道，不同流合汙，不會有好下場。

還記得屈原嗎？我們比屈原還委屈！生逢濁世，想做個清醒之人，難於上青天啊！

只要我們不順從他們的私欲，就會被他們打入十八層地獄。

這可能正是我們的劫難，優秀的人物不會一帆風順。經過了那麼多的黑暗，我們就像是在修仙，從普通的飲食男女到脫胎換骨。事實把我們逼上了一條荊棘叢生之路。

願所有正直、善良的人，都能免於被打壓，都能好好活一場，都能不至於碌碌無為而後悔今生，都能有一個理想的歸宿！

忠於心中的信仰

有目標，光明正大，還有什麼值得畏懼？

每個人一生中都有難逃的劫難，沒有風平浪靜的人生，我也是如此。從二〇一八年的反抗，到現今的穩如泰山。

我必須承認，在我最好的年華裡，我將面臨若干年的不如意和奴役。

我們為什麼會失去自由？主要是我們的行為不被當地的統治階級或惡勢力接受。例如，他們推崇的主旋律是「戰爭」，你說想要和平，他們就有可能過來剷除你。他們總會找到某種理由追捕你，還一本正經地說：「為人民服務！」

身為要走向國際的人，我把目標定在了諾貝爾獎。我不被周圍的人理解，周圍的人認為我是在白日做夢。

自序

我也知道，有可能辛辛苦苦了一生，到頭來一事無成。只要我不後悔，管他人閒言碎語？

我也知道，在中國，憑一己之力，要想問鼎世界，難於上青天！但既然已經選擇了，何必半途而廢？

我風雨兼程，他們半途無事生非，我又何嘗不曉得他們會「寧可錯殺一千，不可放過一個」？

我和他們不一樣，被他們打壓再尋常不過。

他們說我錯了，我痛過了，也徹底領悟了，哪個有作為的人不經過磕絆、不經過浪潮？唐僧西天取經終成正果，感恩「九九八十一難」，南非「國父」曼德拉曾被以反動派非法囚禁二十多年！

任何黑暗無法抹去我心中的信仰，換一種生活又何嘗不是一種嘗試？坎坷才會看到人生路上最綺麗的風景。

我決定了，他年若有可能回首這段往事，會發現自己更為強大！

第一章：不忘初心，方得始終

為什麼我們不快樂？

天天被一些糟糕的人欺騙、陷害、折磨、毒打、虐待，我們能高興起來嗎？

他和她相互看不順眼，他想掌控她，她想讓他完全聽她的話。意見不一，無法達成一致，就開始「冷戰」、暴力，甚至成為仇人，老死不相往來。

人們有自己的想法固然不錯，但把自己的觀點強加於別人，讓別人無條件臣服，就是霸權行為。

人不犯你，何必犯人？

不必再打著為別人服務的招牌，別人不是三歲的小孩，不會任由擺布！

在封閉的中國，人們敢怒不敢言，強作歡顏。不知哪一天，不知因為何事，就會被扣上壞人的帽子拘禁起來，接受「教育」。

他們表面上生活在「天堂」，實則在地獄掙扎，每天提心吊膽。

他們承受不起醫療、住房等基本民生問題，還要硬著頭皮高呼：「瞧，我有幸處在最強盛、最發達的時期！」

多麼可笑，多麼可悲，多麼自欺欺人！

快不快樂在比較之中。

如果你有大學文憑，你願意讓一個只有小學文憑的人左右你嗎？

如果你二十多歲，你願意讓一個六、七歲的兒童管理你嗎？

如果你是A行業的菁英，你願意讓對A行業一竅不通的門外漢成為你的長官嗎？

事實的確如此，被一些沒有我們優秀、沒有我們專業的人招來喚去，我們如何能三跪九拜？

人善被人欺，馬善被人騎。哪裡有壓迫哪裡就有反抗。

我們希望公平、合理競爭，希望有能力的人身居要職，我們才會心服口服。

不然，你德高望重，一個初出茅廬、毫無實戰經驗的小子拿著皮鞭、使用武力指揮你，你只會咬牙切齒。

然而你可否有話語權，為什麼別人硬生生踩在你頭上？

你高興不起來，有一座座大山壓在你身上。

別等到淪為喪家犬再爆發，該適時反省了！

一日「三省」：自強、不同流合汙、追求正義與正直！

成功一要素——堅持做擅長的事

「三百六十行，行行出狀元。」要想成為第一名，就要在一行鑽研，「不怕功夫深，鐵杵磨成針」。冠軍就要比其他人更能拋棄誘惑，做最擅長的事，堅持，再堅持！

知名企業家馬化騰意味深長說：「成功的要素是——專注做擅長的事情。」

馬化騰的商業帝國在世界同行中也占據著舉足輕重的地位。

可以說，馬化騰是一個商業奇才，沒有人否定他是成功的。

一位經濟學家這樣評論馬化騰：「馬化騰的成功不在於他做了什麼，而在於他沒有做什麼。」以馬化騰現在的影響力，他可以涉足政界，可以去做房地產，但他專注於擅長，取得了矚目的成就。」

成功，不在於你做了很多，而在於你把一件事情做得精緻。

聰明的人不會三心二意，他們懂得人的精力有限，不分散注意力。把擅長的事情做得盡善盡美，更容易取得成功。

愛因斯坦是舉世聞名的科學家，不過了解他的人都知道他不諳世事。他常常在生活中鬧出笑話。但人們在笑過後，對他在工作上的忘我、專注更加佩服。

不用擔心自己有很多事情不懂，你不可能面面俱到。體育明星寫不出文學名著，這很正常；數學家摘不了諾貝爾和平獎，這也很正常。

成功，不是你每一項都淺嘗輒止，成功在於把一件事情做到最好。不達目的不甘休，集中精力做所擅長，你會比別人更優秀、更突出。

原來，我是這樣過來的

近十多年來，一些人認為我是海外華人或者「港臺明星」或者「藝人作家」，其實我只不過是來自一個再普通不過的村子，我只不過是一個默默的追夢者而已。

第一部分 孩提時期

聽小舅媽說，我是家中的第四個男孩。前兩個男孩，按照小舅媽的言外之意，有兩層意思：一是夭折了，二是送人了。目前我有一個哥哥，還有一個弟弟。

我有兩個舅媽，媽媽、小舅媽和大舅媽的關係不好，自我還沒記事的時候就鬧僵了，以致印象中我、哥哥、弟弟從小到大沒有一次去過大舅媽家，大舅媽也不喜歡我們。媽媽和小舅媽的關係反而很和睦。

小舅媽家裡全是女兒，想生一個男孩一直沒有如願，曾經想要我們一個過繼給她，所以對我們兄弟一直很好，對我們幾乎都達到了知無不言言無不盡的地步。媽媽反而很保守，對我們兄弟的過往隻字不提。

小時候的我調皮搗蛋，愛搞惡作劇，在當時的鄉村並不是十分受歡迎，我是當時的「孩子王」，在一個下午帶領一群朋友，砸碎了村子西邊一位伯伯家院牆外的大片磚瓦，在他家的大門上亂塗鴉，他傍晚氣勢洶洶地找到我媽，讓媽媽好好教訓我。我媽當著他的面數落了我，他走後，我媽說：「小孩子難免異想天開，以後節制就行了！」我當時感動得淚流滿面，媽媽還是從我的角度出發的。

小時候的我剛強、倔強，並不是十分受管教。我有一次走到一個很遠的地方，在外面吃了很多苦，被一位善良的老婆婆收留，與家人失去了聯繫很久才被找回，這件事在當時附近的幾個村子很轟動。後來成了我的一個心結，不再提及。

小時候的我仗義、正直，若誰欺負了我的弟弟，總要為弟弟討回公道。有一個比我小一點的堂弟總愛背著我打我弟弟，我每次知道後找到他家把他喊出來，不由分說就是一頓暴打。他嗷嗷大哭，他爸爸聽到後跑過來追我，我總能及時脫身，藏得無影無蹤。

什麼樣子的環境造就什麼樣子的人。農村的「窮山惡水」，讓我小時候「囂張跋扈」、不可理喻；農村的殘垣斷壁，讓我小時候就比別人好勝，練就了一身本領，像是水性極好、可以悠遊自在地在大樹上睡午覺。農村的無拘無束，激發了我的想像，時至今日留下的第一個作品便產生於很小的時候。

農村的官官相護、欺負壓迫，讓我學會了以後愛恨分明，要走向國際；農村的貧窮落後，記憶中直到一九九七年我們家才有第一臺黑白電視機，這讓我以後養成了勤儉節約的習性；農村的文化慘澹，讓我以後明白只有靠「自學」，才能有出息。

對於我出生的環境，臺灣的書上更樂意這樣介紹我：「他出生的那天有彗星滑落。」

我認為，可能正是因為我出身寒門，才以後注定要比城裡的孩子多辛苦幾倍、十幾倍、幾十倍，但我不後悔，這可能是上天的安排，老天是厚愛笨小孩的。

對於我成長的環境，我沒有文學啟蒙老師，反而被百般阻擾，愛因斯坦說：「天才＝百分之一的天賦＋百分之九十九的努力。」我卻認為：天才＝百分之五十的天賦＋百分之五十的努力。

對於我的父母，他們很疼愛我，但知識有限，沒有發現我喜歡、擅長什麼也在情理之中。我多走了彎路才會看到更多風景，才會更堅定自己的信念。

對於我的親人，在我小時候失敗時，他們大部分會落井下石，但還是要謝謝他們，讓我以後學會了要去尊重、鼓舞、讚揚別人。

對於我的朋友，人生路上有越來越多的伯樂對我有知遇之恩，是金子總要發光，這讓我厚積薄發、快馬加鞭。

第二部分 中小學時期

首先，插個題外話，我人生中最難忘的一件事是：我有一次想從理組轉入文組，家人不允許，學校也不同意，導致我在不喜歡的科目裡苦苦掙扎。如今回首，感覺當時浪費了好多時光。

第二件難忘的事是：二〇〇八年有一本稿件，同時被新加坡的一家出版社和上海的一家出版社看中，由於上海的那家是經由代理公司，答應所給付的稿費不足新加坡的三分之一，又需要在書上市半年後才肯結算，新加坡的那家答應在簽約後一個月內結算。相比較而言，我斷然拒絕了上海的那家在四川的代理公司。現在回首，其實兩個都可以同時合作，我太虧待了自己。

其次，為什麼我的人生目標會定在世界級？因為我第一次了解到的就是世界級。我小學時特別喜歡閱讀「社會科學」教科書，喜歡閱讀我哥哥的國中地理、歷史教科書。我形成了自己的判斷。這在後來二〇〇五至二〇〇八年我創作的散文選集《會有天使替我守護你》，其一百五十八篇中有不少篇幅大量提及以上內容。在二〇一〇年臺灣上市我的一些紙本書「作者簡介」中也有涉獵。其實我之所以能與臺灣的出版社取得聯繫，是因為在中國我沒有背景，在中國遭遇很多不幸多年之後，我才被臺灣發現，這更堅持了我走向世界的決心！馬雲說：「今日你對我愛理不理，明日我讓你高攀不起。」

再次，我愛上寫作的過程以及讀書時怎樣讓心平靜下來。

時至今日，不少上市的作品這樣介紹我：「一九八八年開始自學創作……」我心中有顆小種子，要成為我們家族最厲害的人物。我很小就意識到，如果從事其他的職業，譬如運動員、演員、教師、醫生，需要耍嘴皮子上的功夫，很難脫穎而出，況且我又不習慣在別人面前「點頭哈腰」，所以我選擇了創作，選擇了一條少有人走的路，別人不懂我、不了解我，只有我才知道自己，所以我做出了很大的改變，強迫自己在創作上堅持，只要自己一個人堅持就可以了，不必圓滑、不必昧著良心做事，漸漸我愛上了創作，一發不可收拾。我起步得早，瞄準一個方向不動搖，我就會在那個行業裡做出點成就，成為別人眼中早日成功的「英才」。

至於讀書時怎樣讓心平靜下來，我認為：

第一，讀自己感興趣的書；第二，讀經典的書；第三，好讀書不求甚解；第四，在無人打擾的情況下去讀書；第五，一本書可以分成若干部分，一天讀一些，哪怕一天讀幾百個字、幾千個字也可以；第六，一天可以同時讀幾本書，每天每本讀一點，有助於穩固知識；第七，如果不再喜歡這本書，可以去換一本，不必太強迫自己，這不是半途而廢，而是懂得取捨。

其實我小學一年級、小學二年級的成績並不多麼優秀。當時候的我總喜歡和老師對著幹。當時候的老師認為我將來將一事無成。但我的媽媽說：「不，他定有一番作為！」我的媽媽的話深深鼓舞了我，讓我從小學二年級開始，立志要發奮讀書。

很快，到小學三四年級的時候，我的成績在班級裡就是頂尖的。尤其是數學，我的小學三年級、小學四年級的數學老師是同一位老師，他很重視我，在他的薰陶之下，我的數學成績直至大學畢業，不費吹灰之力，都是讓其他人望塵莫及的。很抱歉，我的國文成績並不理想，可能是因為小學三四年級的國文老師並不喜歡我。我的其他科目，如自然、社會等，在我的努力下，一直是名列前茅。

從小學三四年級開始到高中畢業，我都是成績出類拔萃的學生，讓我頗受師生們的喜歡。不過期間，升入高二時，我犯了一個致命的錯誤——選擇了我並不喜愛的理科。這給我以後的擇業帶來了極大的痛苦，讓我以後的人生多走了很多彎路。後來，我想明白了，人不能隨波逐流，做自己感興趣的事情才有可能成功。

中小學的我與孩提時的我是完全不一樣的。中小學時，我的性格從外向型的活潑好動轉為內向型的沉著冷靜。我有一個夢想，將來要活出漂亮的人生。當時我就把人生目標定在了世界級。我的這一決定在今天看來是必要的。

當時除了學習，我已經有一些文字作品保留在紙張上，那些文字作品有的仍保存至今！

第三部分 大學讀書時期

中小學時和以前，我一直生活在我的家鄉，後來，在別人的建議下，我學習了我並不擅長的學系。在大學的幾年，我閱讀了大量的書籍，整個城市圖書館我偏愛的書籍幾乎都被翻閱遍了。四五個同學的借書證在我身上，我經常四個校區裡去借書。在當時，我參加過學校裡的很多社團，整個學校，包括中文系，在創作上，幾乎沒有一個比我受歡迎。

尤其是二〇〇六年，是我迄今為止創作的高峰期，僅僅詩歌就達兩千多首，另有一些散文、小說等。時至今天，二〇〇六年的一些作品仍看起來不錯。當時的作品幾乎都是純文學性的，一些用於參加徵文比賽，發表在期刊、報紙上！

在大學讀書時期，別的同學把大部分的時間，幾乎都在花前月下秀恩愛上面，我卻把幾乎全部的時間都投入在讀書、學習和創作上。

第四部分 北漂時期

北京是中國的文化中心，我大學還沒有畢業時就來到了北京找工作。這些年來，我的工作都是圍繞著文化，如影視、音樂、出版等。尤其是出版，我幾乎所有的工作都用來做出版。當然，除了在公司裡朝九晚五得上班，我大部分的時間就是辭職後在家裡閉門創作。

在北京的這些年，生存第一，我的作品多數是「市場型」的，如勵志、心理學、哲學、醫學、青少年文學等一類的。

很慶幸，我的作品得到了賞識：（一）首當其衝的是臺灣。由於我的作品很少受限制，臺灣的不少人對我很好。在臺灣，大型出版公司，如城邦文化、時報文化等上市過我的圖書；臺灣文化的象徵——誠品書店、「三大網絡書店」之博客來網路書店等，不止有我的一部作品在暢銷排行榜上亮相；在臺北市立圖書館官方首頁，我的作品曾長時間霸榜；在臺灣，其中的兩個筆名「子陽」、「佳樂」得到有名氣的推廣！

（二）接著是新加坡。當初那個善待我的新加坡出版公司長官已升任為新加坡作家協會會長，在他的幫助下，我在新加坡的作品得以青少年文學的受歡迎，都受到當地教育部某部門的推薦。（三）再次是大陸。我在中國出版的書籍和臺灣的一樣以勵志、心理學的為主，但數量、影響力比不上前者。（四）第四是香港。在香港，主要是電子書。截止二〇一八年底，在香港、臺灣上市的電子書數量有三百多個。（五）第五是其他國家或地區。經由經紀公司的介紹，有一本成功勵志的書籍在泰國翻譯出版，透過臺灣的朋友牽線有一本經營管理題材的書籍介紹到韓國。

在北京北漂的時期，我除了上班創作，還習慣一個人外出散心。以後，若有可能，到一個有意義的地方——「選一人過一生，擇一城而終老」。

生命的出口

有人說：「生命就像一道車轍，深深淺淺，蜿蜿蜒蜒，卻一直向前。」也有人說：「生命就像一潭湖水，經風起漣漪，經雨泛微波。」

生命似花非花，如煙化煙。它是一雙眼，探索既定的目標；它是一雙腳，邁出前進的方向；它是一段回憶，也是一種憧憬。

世界著名的畫壇巨匠達文西，前半生一直懷才不遇，直到三十多歲才拜託一位米蘭的公爵，得到了給聖瑪利亞修道院的一個飯廳畫服裝裝飾畫的機會。然而，就是這樣一個被很多人瞧不起的工作，達文西卻全心全意投入，一絲不苟，廢寢忘食去創作。當時的人們不會想到，隨著時間的流逝，這幅《最後的晚餐》身價越來越高。如今，這幅飯店裝飾畫已成為世界各地耳熟能詳的名畫。

每個人都有迷茫的時刻，每個人都有踏足黑暗的瞬間。好像一股莫名的威壓，吞噬著勇氣、衍生恐懼、剝奪著自信，化作萎靡。那一刻我們顫慄的身體，如與猙獰的怪獸擦肩。而我們曾經所有的驕傲，所有的財富，所有的榮譽已不值一提。也許只有低頭懺悔和禱告是一可以記起的事。

然而，一切的錘煉只是生命長河中的一粒石子激起的點點水花。失去了衝破魔咒的勇氣，便墜入了永無止境的地獄。

只有傲然前行，抓住每一次機遇，即使跌跌撞撞；

只有傲然前行，把握每一點時間，即使遍體鱗傷。

也許，下一秒，迷途的我們就會看見路標，那是生命唯一的出口。

幸福是什麼？

幸福是什麼？幸福就是你喜歡的人剛好也喜歡你，幸福就是每天回家有人端上熱騰騰的飯菜，幸福就是有工作、有錢花，幸福就是付出了有回報。

幸福就是可以去想去的地方，幸福就是你在乎的人健康、快樂。

幸福就是被尊重、被重視，有尊嚴、有地位，可以做想做的事情！

幸福就是有一些值得可敬的人，尊老，愛幼，有愛恨分明，有感恩之心，有正義！

幸福就是每天都運動著，不長期做蟄居族；幸福就是結交良師益友，與善人居！

幸福就是人與人之間少了些欺詐，多了些真誠與善意。

幸福就是想說話的時候可以說話，想寫什麼的時候可以寫什麼。

幸福就是有一兩個在乎你的人，無論有什麼樣的壓力都不逃避、都一起從容去應對。

幸福就是該合群的時候要合群，永遠念著那些對你好的人。幸福就是越來越活得無悔！

造心的工程

造心，是一項不大也不小的工程，有的人追求一生把自己的心造得美好而純潔，可這並不是一件容易的事情。

有的人在現在的這個社會裡，不會去控制自己的情緒，就無法保持好造心的工程。

我們要是想去造好，就一定要多去學習有用的知識，而不是讓自己的無知變成性格。

我們要從心底尊重別人，尊重別人是一種有品格的表現。有的時候，自重也是一種自知。作踐自己，可以是你的性格，但是去尊重別人，是一個人的品格。

造心，每個人所用的材料不一樣。有的人的心是用煤炭造的，黑漆漆的；有的人的心是用柳葉造的，婀娜多姿；有的人的心是用春天造的，欣欣向榮；有的人的心是用糞堆造的，臭氣熏天。

造心，其選材很重要，我們一定要用純潔的物質去造心。只有這樣，我們才會不受汙染，熠熠生輝。

哪國的護照吃香？

一位拿了美國綠卡的朋友說：「美國人在世界上最受歡迎，英國人第二！」他還侃侃而談地說：「美國、英國是世界上教育最先進的兩個國家！」的確，在歷年的世界大學排行榜中，前十名的幾乎都是美國、英國的大學，例如：英國高等教育調查公司（QS）公布的「二〇二〇年世界大學排行榜」，前十名中，除了第六名瑞士的蘇黎世聯邦理工學院，其他的都是美國、英國的高等學府。同時，讓我注意到了，排在第十一名的是新加坡的南洋理工大學，排在第十二名的是新加坡的新加坡國立大學。

為什麼新加坡的教育在世界接受度高？因為他們的政府廉潔，人民的生活品質優渥等等。

無獨有偶，在加拿大金融諮詢公司阿爾頓資本近年發布的「全球護照指數」排行榜中，新加坡護照以一百五十九分位居世界榜首，也就是說，新加坡人可以持本國護照在世界一百五十九個國家或地區免簽、落地簽。歐洲國家德國以一百五十八分位居亞軍。排在第三位的是亞洲國家韓國，排在第四位的是亞洲國家日本，美國以一百五十四分排在第六位。香港以一百四十二分排在第十五位，臺灣和澳門以一百二十分並列第三十二位，中國以六十分排在第六十七位。

簡單的「護照指數」能讓我們明白一個國家或地區的人在世界人民心目中是崇高還是卑微的。且隨著世界的發展，越來越多的人需要護照，沒有出過國的、不知道世界各國人民怎樣對待他的，是沒有必要吹噓他生活的地方多麼強盛。

一個國家或地區的護照在世界吃不吃香，除了彰顯他國是友好還是排斥的外交態度，也反襯了這個國家或地區居民的素質高低。

如果國民在醫療、教育、住房、文化、科技、政治、經濟、交通等領域遙遙領先，自然「護照指數」會加分。

世界人民的眼光是雪亮的。不要再沉迷於自己的「小圈子」，到世界各國或地區深刻體驗一下，你才能重新定位是應該自豪還是反省！

為什麼不願意加入中國作家協會？

對於中國作家協會，很多同行們會想擠破了腦袋也要加入！但我對此好像不感興趣！

屠呦呦的成就偉大，但在她獲得國際性的承認之前，在國內照樣不是多麼討人喜歡！之前，有好幾個朋友想要推薦我去加入中國作家協會，但我都婉言謝絕了，這是為什麼呢？

一個很大的原因是不願意被拘束，作家不應該背上太多的框架，不然會扼殺才華的發揮。寧可自由地去發揮，也不去過多在乎是否登上了大雅之堂！自由，會天馬行空，文采斐然，即便在國內有可能不被認可，但既然決定了要走向國際，就勇敢走下去吧！用自己的實際行動證明自己會是優秀的。

只要施展出最好的內在動力，更好為文化服務，還應該在乎別人的閒言碎語、冷熱嘲諷嗎？

父親開車撞死女兒，誰的問題？

曾經有一篇「父親開車撞死女兒」的新聞。

父親開車撞死了自己的親生女兒，這可是前所未聞。

父親為什麼要撞死女兒呢？是有意為之，還是情形使然，亦或是出乎意料之外？

「重男輕女」的傾向要不得

在一般人的眼裡，女孩子長大是要嫁人的，男人才會成為家裡的支柱，於是「重男輕女」在不少地區反復上演。

這讓不少懵懂未知的女孩子蒙上了不明之怨，她們從小就出生和生活在與男孩子不平等的環境裡。

女孩子照樣是親骨肉，既然是血濃於水，何必要重此輕彼呢？

尤其是在現今社會，女孩子普遍能力越來越突出。大部分女孩子比男孩子較細膩，長大後較擁有母愛般的關懷。如果兒子長大了不孝順，可能與他們性別中的個性有關，女孩子在照顧孩子這一方面上則做得讓人比較放心。

女孩子對自己親生父母的疼愛與孝順，遠勝於她們為人婦之後對公公婆婆的贍養！

怪不得很多人會感慨：婆家再好，也不如自己娘家親！

有「重男輕女」的父母們，千萬別讓您天平的砝碼「偏了心」！

父親撞死了女兒，誰的責任？

在「父親開車撞死女兒」這一事件中，父親並沒有「重男輕女」的觀念，他對女兒愛得深沉。

女兒才九歲，她才來到這世上幾年啊，就這麼離開了，可想而知父親當時的悲痛。

在痛定思痛之後，父親開始冷靜下來，有必要為自己開車的失誤所造成的結果買單了。不聰明的父親會選擇「重擔一個人扛」，但僅僅只有父親才有責任嗎？

在此次事件中，由於父親的車有強制險，在本次事件中，女兒是在車下被撞的，因此保險公司應該在強制險的責任限額內予以賠償。

珍惜生命的代價，任重道遠

建議有車的爸爸媽媽們，在啟動車輛前，一定要注意觀察周圍是否有孩子在玩耍，同時請注意那些突然冒出來的孩子。你一個不小心，就可能讓他們付出生命的代價！

生命誠可貴，孩子還處在懵懂之中。你造成的過錯是難以補償！

如果你有孩子，要建議孩子不要在車輛的附近打鬧，盡量減少與陌生的車輛零距離接觸，在過馬路時要留意紅綠燈，在轉彎時也請你的孩子注意：安全第一！

給孩子一個發展的未來

很少有父母不愛孩子，很少有父母不希望孩子健康成長。

孩子的成長環境在於父母的塑造，你完全可以決定他將來是一個什麼樣子的人。

關心孩子，要像要求自己一樣嚴格，這才是在愛孩子！

為什麼鄧麗君比王菲厲害？

同一類型的明星，有相同的天賦，本來應該青出於藍而勝於藍，可是後者為什麼沒有前者更有影響力呢？

同是歌手，王菲和鄧麗君的功力可以說不相上下。不論她們的家世、美貌、作品，要是和她們相比，很多人的第一印象是鄧麗君比王菲優秀多了。

為什麼？

第一，先入為主。鄧麗君比王菲大十六歲，但是鄧麗君四十二歲時就香消玉殞，王菲至今仍活躍著。

人們都愛記住某一個行業裡的開山祖師，對後來的效仿者，哪怕後來者很努力，也往往是對後來者的印象囫圇吞棗。

若說中國的詩人，人們首先想到的是屈原，很難是同為浪漫主義詩人的李白。按理說，李白在詩歌上的成就遠遠高於屈原，比屈原留下的作品更多、更為經典、更為流傳，可誰叫屈原是中國有史記載的第一位詩人？

談論戰國時的詩人，人們會脫口而出：屈原；談論唐朝時的詩人，除了李白，人們還會津津樂道提及杜甫、白居易等。為了紀念屈原，中國的傳統節日「端午節」千古流傳；為了紀念李白，很難想起有什麼重要的節日與其相匹配。

同是大城市，北京在很多方面遜色於上海，可是為什麼北京的排名較上海更前面？因為北京是中國的首都，僅此一項，就讓各方面表現更出色的上海望塵莫及。

一直被模仿，從來未被超越。第一，讓人們的印象更為深刻！

一九九八年版的電視劇《還珠格格》成功了，後來推出了第二部、第三部。第三部的排場、資金投入等遠遠大於第一部，被別人嘲笑為狗尾續貂。

六小齡童飾演的孫悟空影響了一個時代，後來有很多演員去飾演孫悟空，可是一提到孫悟空的扮演者，人們首先想到的是六小齡童，而不是張衛健、陳浩民等人。

先入為主，老天好像就是這麼不公平，縱使後者多麼努力，也難以企及前者。

所以你需要創新。另闢一個領域，容易讓你事半功倍、功成業就。

第二，視野不一樣。王菲和鄧麗君所處的時代稍微有差別，鄧麗君走的是國際路線，王菲主要是在中國打拚。她們站得高度不一樣，鄧麗君站得高、看得遠，隨著世界的越來越發展，鄧麗君已經比王菲占領了先機。

中國的很多同行把目標定在茅盾文學獎，我卻把目標定在了諾貝爾文學獎，縱使他拿得了十次茅盾文學獎，我有可能只拿得了一次諾貝爾文學獎，我也認為我比他厲害。為什麼？理由很簡單，茅盾文學獎是這個行業裡特定國家或地區裡最高的獎項，諾貝爾文學獎是這個行業裡所有國家或地區裡最高的獎項。

如果你想走得遠，你必須要把目標定得更遠。鼠目寸光，容易讓你付出很多，收效甚微。

第三，品質有差異。鄧麗君簡單、純真，王菲受花花世界的左右頗多、思想較複雜。

同為女性，林黛玉、潘金蓮都特別出名，人們更憐惜「質本潔來還潔去」的林黛玉、更鄙視水性楊花的潘金蓮。

一旦被塵世蠱惑，不專一，我們的人生價值就容易大打折扣。

所以，與其想得多、做得多，不如認定一項。前路坎坷，要不改初衷！

第二章：給落魄加點料

男人的悲哀

有人說：「男人最大的悲哀不是無妻無子，比碌碌無為更可怕的是沒錢。」也有人說：「男人一生當中有兩大悲哀，一是禿頭，二是沒錢。」

新冠肺炎疫情期間，美國每位失業人員，政府每週補助三百美元。按照一年有三百六十五天（閏年有三百六十六天）計算，在一年的十二個月分裡，美國每位失業人員政府平均每月補助一千三百美元。

二〇二一年，一美元約等於三十新臺幣，美國每位失業人員政府每月大概補助三萬九千元新臺幣。

可笑的是，他們失業人員每月的補助金額，遠遠高於我們這一行從業十年每月的薪水。

還有二〇二〇年新冠肺炎疫情期間，我被用得無法上班，沒有透過工作賺到一分錢，更有甚者，從二〇一九年年初開始，我就被切斷了與外界的聯繫，導致我沒有收入、沒有成就感。

我們人生之中有多少年歲可以荒廢？尤其是對正值賺錢、存錢年齡階段的我們，卻讓我們窮得叮噹響，生活品質急劇下降，我們該如何面對將來？

以後我們可能照樣得租每月幾萬塊錢的房子，可能照樣得一日三餐短油少鹽。不過我們無怨無悔，因為我們心裡明白，這是追求自由應該付出的代價。

如果我們不按部就班、朝九晚五在公司，沒有人會給予我們合理的經濟保障。反觀美國的失業人員，他們反而有更多的時間、精力去實現自己的理想與抱負。這也許就是因為美國能成為世界上兩百三十多個國家或地區獲得諾貝爾獎人數最多的關鍵所在。

我也從很小的時候，就把目標瞄準在了諾貝爾獎。一路走來坎坎坷坷，直到如今，我終於明白，要是我無法賺錢，天天面對的無非是挖苦、嘲笑。

還好，上天待我不薄，我透過自己的努力外加天賦，我在海外的同行裡有一定的地位和知名度。

雖然生活是枯燥乏味了點，他人還指望我養家糊口，我仍然不忘去做自己感興趣的事。

我不願意成為馬雲那樣的大富豪，光有金錢有什麼值得驕傲的？我更樂意以愛因斯坦、瓊瑤、鄧麗君、莫札特等為榜樣，活得轟轟烈烈、百世流芳。

即便活得短暫又如何？金錢生不帶來，死不帶走，若干年後，世界還有你的聲音，津津樂道和正能量，這才是作為人贏得又一次的尊嚴！

願你活著的時候，不求大富大貴，小資即可；很多年之後，你能庇佑新一代人。

大人物的苦惱

世上哪有一成不變，從前千溝萬壑，現在一馬平川；從前千夫所指，現在為萬民所擁戴。

為後世，為子子孫孫，燃燒了自己，奉獻了自己，哪怕遭到太多的非議，時間是最好的證明，很多年之後，會成為正義、正能量的代表。

我哥哥說很多大人物都遭遇過牢獄之災，為此他還列舉了臺灣作家李敖，說李敖一生中有過兩次和監獄打交道。

李敖自不必說。我所知道的，南非「國父」曼德拉有過二十七年的牢獄之災，後來我還多次把曼德拉寫進書本裡。

人生短暫幾十年，總有不期而遇，不知什麼時候，我們就可能失去了自由。

我們為什麼會身不由己呢？主要在於我們的行為觸犯了當地的法律、制度。

當時我們可能像義大利天文學家、哲學家布魯諾一樣奔赴刑場，但幾十年、幾百年之後，誰知道會發生什麼呢？只要我們問心無愧、光明磊落，總有沉冤昭雪的一天。當然如果我們真的做錯了事，就應該深刻反省。人在不斷總結中成長、成熟、成功！

經歷了苦中苦，大難不死，我們以後有可能成為人中龍鳳。

人必須要力爭上游，別人都在努力，我們不思進取，就是在浪費生命。

生命誠可貴，我們的生命僅有一次，如果不充實，只會一切都隨風化作了雲煙、了無蹤跡。

我常常感慨生活在貧瘠地區的人們辛苦了一生，到頭來一事無成，留下方圓不足十平方公尺的墓地。再過不久，就會從世人的記憶中徹底被剔除。

人活著為了什麼？不求轟轟烈烈，但起碼別醉生夢死。該拚的就要拚，該闖的就要闖。

具有冒險、探索、創新的精神，我們可能在某一天立於不敗之地。

人必須要敢於向未來挑戰，不懼怕意外。這樣辛苦了一生，有可能留下永久的輝煌。

窮人最擔心什麼？

有的人生而富貴，有的人生而貧窮。貧富懸殊在高度發展國家、落後國家更甚，因為開發中國家、落後國家比高度發展國家的剝削更嚴重。

上層社會人捧人，中層社會人踩人，下層社會人吃人。

在一部電視劇裡面，小地方出身的女孩非要把父親轉移到大城市接受治療。大城市的醫療條件良好，但價格昂貴，導致女孩的想法開始扭曲，為了給父親治病，她與老闆、同事攀交情，捲走了大量錢財。

別人可憐她，反倒成了她借題發揮的工具。

為了高昂的醫療費用，她一次又一次出賣尊嚴，讓人從一開始的同情到後來的憎恨。

窮人是沒有資格保證先進的醫療條件的，大病小病不斷，一病窮到過世前，一病負債累累，殃及子孫。

在很多鄉村，老人家要是不幸患了病，不願意進大醫院。因為他們心裡清楚，大醫院的治療花錢如流水。他們寧可忍受病痛，也不願意幾輩子的心血進醫院。

可是，人是吃五穀雜糧，哪有不生病的道理？生病了，沒有金錢作後盾，等待的無非是煎熬、痛不欲生、死神找上門。

我的外公、外婆、爺爺皆是淳厚的鄉下人，患病沒有多餘的錢治療，最後一個個在無奈、絕望中死去。

所以，疾病是貧窮人的剋星。

在非洲這片地球面積第二大洲（第一面積大洲為：亞洲），存在著大大小小的五十九個國家或地區。

非洲多數為落後國家，饑荒、疾病是非洲人常常面臨的兩大天敵。

聽新加坡的一位朋友說，她去非洲度假，很多當地人，除了瘦得皮包骨頭，就是疾病纏身、年紀輕輕斷送了性命。

貧窮，使人喪失了平等，喪失了有錢人享有的福利。貧窮能讓一個本來和諧的家庭支離破碎。

我時常擔心，萬一某一天我大禍臨頭，實在病得不行了，我願意把我所有的財產一分不留地捐給親戚、朋友，我自願沉入馬里亞納海溝，不用買天價墓地慢慢等待腐爛。

我們不是演員、歌手，他們很多富得流油，我們這一行辛辛苦苦了二十多年，在中國，仍然被不斷打壓，我們沒有自己的住處、沒有該有的社會地位。我終於明白很多作家「天妒英才」的命運所在！

多年之後，滄海桑田，管他人評說。中國「詩聖」杜甫貧困潦倒，他在貧病交加中了卻殘生，他死後數百年後的宋朝，才被世人認可、推崇。

窮人，無病無恙，便是最大的安慰。

三觀不同，相互尊重

世界上最遙遠的距離，不是一個在天之涯，一個在海之角，而是世界觀、人生觀、價值觀。

大千世界，無奇不有，萬物皆有靈性！

當別人和我們不同時，我們總愛強迫別人服從我們，認為別人是錯的，我們是對的。

對與錯往往在一念之間，對與錯沒有嚴格上的區分。

由於我們的學識不同，我們的堅持不同，我們評價事物的標準也不一樣。別人和你有不同的認知，並不是別人邪魔歪道。你怎樣評價別人，別人也往往怎樣評價你。

所以，有不同很正常，理解、尊重很重要。

在這個世界上，有不同的國家、不同的民族，信仰一樣的才能走到一起。於是世界顯得斑斕多姿。如果把所有的都歸為一致，難免會發生干戈、發生戰爭，帶來的無非是人民的疾苦。

世界應該和諧，恃強凌弱、欺行霸市已不再是推崇的主旋律。

隨著文明的發展，人們越來越能包容那些曾經不以為恥的，從一開始的相互爭奪到包容。

我們會發現，與其改變別人，不如探索別人的亮點。別人比不上你，只是暫時的；別人比不上你，並不是所有的都落後於你。一切都在運動之中，有快、有慢，今日讓你瞧不起的，明日有可能讓你高攀不起；人與人也難有可比性，人比人，氣死人。很多時候，我們做好自己很重要。

三觀，即世界觀、人生觀、價值觀。三觀不同，難免要分道揚鑣。

在很多電視劇中，有正派和反派。正派和反派的「三觀」是不一樣的，他們不會在一起其樂融融。只有把他們分開，相安一隅，才是最理想的狀態。

我們沒有太多的時間去左右別人，有時候越是想改變別人，越會讓自己痛苦不堪。你過你的，他過他的，我們沒有必要相互傾軋。

當然，不和別人發生矛盾的情況屬少。大多時候，正義是可以取代邪惡。只是如果相安無事，就請不要打擾！真理和謬論在一定情況下是可以相互轉換。今日他贏得了支持、高高在上，明日他就有可能被推翻、一落千丈。是是非非，總在不斷演化之中。

我們沒有必要自大，我們不過是茫茫宇宙中微小的一員，不會永遠掌控所有；我們也沒有必要自甘墮落，我們自有讓別人嚮往的一面。

這樣一起進步，適時淘汰那些負面，一切才會向良好的方向發展！

痛苦的根源

對絕大多數人來說，他們之所以痛苦，是因為：窮、老、病、殘、求不得、放不下、愛別離、怨長久。

有句話說：「貧賤夫妻百事哀。」即便兩個人再相濡以沫，如果連最基本的物質生活也保障不了，只有分道揚鑣。

金錢便在衣、食、住、行中具有決定性的作用。

窮人羡慕富人的豪橫生活，為親身經歷的饑寒交迫而怨恨頓生。「朱門酒肉臭，路有凍死骨。」古來多數農民起義、朝代的更替也是因被壓迫作出的痛苦的、無奈的掙扎和吶喊。

人們都希望活得富有。活著，要爭取活得更好！

因而，「窮」，使人喪失了積極活下去的勇氣，變得頹廢，甚至為了生存而不擇手段。

除了窮，當一個人老之將至、美人垂暮，也會產生很多傷感。只是「盛年不重來，一日難再晨」，縱使豪情萬丈，也難以長生不老、羽化成仙。往事只能回味，年輕時錯過了很多，真希望人生可以重來！

相比較「老」，「病」也讓人頭疼。不少人英年早逝，不少人忽然間罹患重病。在醫療水準相對穩定的情況下，仍有很多人病不起，一病窮到過世前，久病床前也無孝子。

有一個朋友，他一直很樂觀活著。但有一天，他被中國共產黨帶走，說他被檢查出患有某種傳染病。他被迫「續命」，每天被迫吃藥。

當身邊的人得知他有傳染病時，紛紛避之唯恐不及。他可能接下來的餘生都要和藥物作伴，他仰天長嘆道：「寧可自由自在短命而死，也不願意被人挾持苟延殘喘而活！」

病，讓人痛苦；看病，讓很多人傾家蕩產。如果一輩子無痛無病，便是最大的安慰。窮、老、病之外，「殘」也是我們痛苦的一個根源。身體上的缺陷、家庭上的支離破碎……往往讓我們覺得不如別人，越活越容易滋生消極心態。

我們應該看淡人生的得失，人各有志，上天從我們這邊剝奪的，某一天會透過另一種方式償還給我們。

求不得、放不下、愛別離、怨長久，人有悲歡離合，爭取不到的放下，對得起自己的良心，我們可能更豁達。

人生中有太多的痛苦，與其負重前行，不如卸下行囊，瀟瀟灑灑過一生。活著，就要簡單點、快樂點，輕裝前行，我們能走得更遠！

莫言的退稿信

莫言是中國的第一位諾貝爾文學獎獲得者。

莫言在《蛙》創作的過程中就找到了出版社，都是大出版社。但這些大社似乎不把莫言的作品放在眼裡。他接二連三收到了這些有名望出版社的退稿信。

退稿的理由很簡單，莫言的《蛙》這個作品中涉及「計劃生育」這個敏感的題材，出版社的朋友要求莫言刪除與「計劃生育」相關的部分，但莫言是一個藝術家啊，他已經精心醞釀十多年的作品，哪能輕而易舉得大刀闊斧？

莫言並沒有屈服於那些大出版社，他相信他的作品是最棒的。既然這裡不適合他的作品出版，他何不找另一家出版社呢？

於是，莫言幾經顛簸和波折，找到了上海市的一家出版社——上海文藝出版社。上海文藝出版社是出版現當代文學作品的行家，他們對莫言的作品很滿意，當然他們也發現了作品中的敏感部分，無奈莫言不願意刪掉他認為優秀的文字。這部作品在上海文藝出版社拖了很長時間，到最後出版社決定還是要試一試。

終於《蛙》於二〇〇九年由上海文藝出版社首次推出。這部作品並不像出版社想像的那麼會遇到波折，相反，它很受讀者的歡迎，還於二〇一一年斬獲了中國最高的文學獎項——「茅盾文學獎」，次年榮獲了全球最高的文學獎項——「諾貝爾文學獎」。

在莫言獲得諾貝爾文學獎之後，那些曾經拒絕他的大出版社又找到了他，如人民文學出版社於二〇一五年五月出版了《蛙－新茅盾（特裝本）》，作家出版社於二〇一二年十月出版了《蛙－莫言文集》等，只是他們忘記了之前給莫言的退稿信還在。

還是同樣的作品，還是在同一家出版社，多年前被無情給予退稿信，多年後被大加宣揚和讚賞，是莫言的不求同、敢於堅持自己的主見成就了自己啊！

對莫言來說，可能只有他最了解自己的作品，所以不會輕而易舉讓出版社的朋友刪除或是保留他的作品。

今日被別人嗤之以鼻的，明日就可能讓別人高攀不起。

企業家馬雲也說過：「今天你對我愛理不理，明天我讓你高攀不起。」

所以，請相信，即便現在很困難，明天更困難，但後天會美好！

爸爸代替兒子去自首

很多情況下，爸爸以嚴厲的形象出現在我們面前，我們也認為爸爸冷血無情。但當你有意外的情況發生時，爸爸會毫不猶豫為你挺身而出，這多麼值得人感動！

丁丁平時不好好上學，曠課、缺課成了家常便飯。

一天，丁丁和幾個哥們到操場上打。打著打著，就和同學發生了衝突，看到對方毫不示弱的樣子，丁丁抓著那位同學就是一頓痛打。

那位同學想反抗，可是一反抗，丁丁的哥們蜂擁而上，毫不留情地把他打得鼻青臉腫、鮮血直流。

學校知道這件事情後，馬上將那位同學送進了醫院。

當天，那位同學的媽媽找到了學校，還報了警。丁丁的幾個哥們陸續被抓了，丁丁很害怕，戰戰兢兢竟然發起了高燒，接著身體極度虛弱。

爸爸嚇壞了，趕緊把丁丁送到醫院。醫生說丁丁是過度驚嚇所致，需要接受一段時期的治療。

從和丁丁的交談中，爸爸知道兒子想投案自首以減輕自己的罪狀，只是因為過度受到驚嚇，兒子目前已經無法親自去投案自首。

對兒子的現狀，爸爸憂心忡忡。在網上查資料，爸爸了解到，他作為兒子的法定代理人，在兒子受到驚嚇，患了疾病無法親自去自首的情況下，兒子可以委託他投案自首。而且，爸爸還找到了相關的法律依據，例如：刑法六十二條規定「對於未發覺之罪自首而受裁判者，得減輕其刑。但有特別規定者，依其規定。」另外，爸爸聽專業人士建議，丁丁是和幾個哥們共同打傷了那個同學，他兒子責任最大，在服刑期間他們可能會因為哥們義氣而為對方頂罪，不過，這樣對兒子的哥們不利，對兒子也未必有利，為了避免兒子受到過多的傷害，爸爸代替兒子去自首，法院會對兒子從輕、減輕或者免除處罰。

看到爸爸遠去的身影，丁丁明白爸爸將要去做什麼，情不自禁流下了淚水。

這次事件過後，丁丁很感恩爸爸，並在以後的成長過程中努力去做一個敢當敢為的人。

有句話說：「與惡人居，如入鮑魚之肆，久而自臭也；與善人居，如入芝蘭之室，久而自芳也。」丁丁如果結交一些良師益友，就不會在毆打同學的過程中被添油加醋、錯上加錯。

所以，你要選擇性交際，和高尚的人結交你才會高尚起來。

為什麼總會有人為難你？

你必須奮發圖強，才能在某一天把總是應諾著、低著的頭抬起來。

在我們身邊，往往有一種人，他再怎麼努力做，也不受歡迎——老闆會為難他，同事會挑他毛病，妻子也會數落他這、數落他那。

可能，這個人活得並不快樂。為什麼總是他被當作出氣筒呢？

為什麼總是他是眾人發洩的對象呢？是他心甘情願的嗎？當然不是。

他也渴望那種眾星捧月的感覺，只是他沒有那種優越的可能性，目前只能處於被別人貶低的位置。

「那個誰誰誰，給我倒一杯咖啡！」

他會馬上去倒。

誰知，對方刁難說：「你不知道我平時不喝加糖的咖啡嗎？這咖啡怎麼有點甜？給我換一杯！」

他不得不去做。

就像是在一些影視劇中，老大會刁難老二，老二點頭哈腰。然後，老二會刁難老三，老三會刁難老四……

一個人被故意刁難，很有可能是這件事很棘手，對方心煩意亂，把煩惱向你傾倒。

另外，一個人不喜歡你、討厭你，想把你趕走的時候，也會故意刁難你，想讓你知難而退，他好有下臺的餘地。

一個人故意刁難你，還有其他可能。

他想看看你的潛力有多大，然後再決定是委你以重任，還是讓你做平凡的小事。

他還有可能是，沒事找事，就是看你不順眼。

遇到這樣的委屈，我們往往會壓抑在心頭。

「人在江湖，身不由己」，如果我們足夠優秀，他們就很少刁難我們了，到底來說，我們比較弱小。

好像每個人都喜歡欺負比自己弱小的，在強者面前卻會顯得很乖。

這是很自然的事情，所以我們要讓自己強大。

在小波小時候，朋友阿超經常欺負他，認為他是一個傻瓜。

後來，小波成了大老闆，阿超靠打零工為生，每次遇到小波，阿超都非常客氣。

人，就是如此，之所以會有人刁難你，除了認為你不足之外，還有可能是讓你長點記性，或者給你一個下馬威。

「人在屋簷下，怎能不低頭」，也許某一天你就會雄赳赳、氣昂昂，反過來對別人呼來喚去，那還真要看你是否能夠成為大人物了。

所以，在我們還是小人物的時候，被刁難是很正常的，我們要接受並尋求突破。

當然，某一天我們也可能會「刁難」別人，到時候我們就深有體會：為什麼當初會被其他人刁難了。

如果你做得不好、你不被別人喜歡，有意無意的，你可能就會被刁難。

你必須奮發圖強，才能在某天把總是應諾著、低著的頭抬起來，很有自信吩咐別人去做事情。

「金陵十二釵」的十二種人生啟示

《紅樓夢》是古典小說的最高峰，在《紅樓夢》中出場的角色：清朝嘉慶年間姜祺統計的有四百四十八人，民國初年的《紅樓夢人物譜》收錄的有七百二十一人。

在《紅樓夢》錯綜複雜的人物關係之中，以各種女性的悲歡離合貫穿始終。女性人物都被刻畫得十分形象。「金陵十二釵」是一個亮點！

金陵十二釵包括：林黛玉、薛寶釵、賈元春、賈探春、史湘雲、妙玉、賈迎春、賈惜春、王熙鳳、巧姐、李紈、秦可卿。這十二個女兒就足以撐起《紅樓夢》的半邊天！

她們的經歷、結局各不相同，她們各給我們留下什麼樣的人生啟示呢？

林黛玉：質本潔來還潔去

可嘆停機德，堪憐詠絮才。
玉帶林中掛，金簪雪裡埋。

林黛玉是《紅樓夢》中的中心人物，是《紅樓夢》中的男主人賈寶玉的姑表妹。她寄居在外婆賈母的家中，不僅人長得漂亮，而且才氣高。

美中不足的是林黛玉病若西施，經常眼淚流個不停！身邊縱然有很多人善待她，也不能避開她最終在遺憾中離世。

林黛玉初到賈府時纖塵不染，最後一次離開賈府時仍然純潔。「質本潔來還潔去」，她的〈葬花吟〉不知感動了多少人！

薛寶釵：善解人意是最大的教養

可嘆停機德，堪憐詠絮才。
玉帶林中掛，金簪雪裡埋。

薛寶釵是賈寶玉的妻子。

薛寶釵出身於書香繼世的大家庭，雖然父親很早就過世了，但她的母親薛姨媽為人通情達理。薛寶釵也有良好的家教！

薛寶釵舉止嫻雅，才華過人，在與林黛玉的相處中，總能像大姐姐一樣，對愛耍小性子的林黛玉包容，而且體貼、照顧著林黛玉。

因而，識大體、會做人，往往會贏得尊重！

賈元春：嫁得好未必過得好

二十年來辨是非，榴花開處照宮闈。
三春怎及初春景，虎兕相逢大夢歸。

賈元春是賈寶玉的親姐姐，她成為了皇上的妃子，看著是在享受榮華富貴，但一年到頭難與家人團聚，心情極其孤寂。

所以，婚姻與其嫁給權、嫁給錢、嫁給勢，不如嫁一個知你、懂你、疼你的人。當然，「貧賤夫妻百事哀」，婚姻的維持也需要有物質的保障。

賈探春：出身並不決定命運

才自精明志自高，生於末世運偏消。
清明涕送江邊望，千里東風一夢遙。

賈探春是賈寶玉同父異母的妹妹，生母趙姨娘在賈府的地位低下，並且品德敗壞不討人喜歡。

賈探春開朗大方，才情高、有抱負，在賈府有一定的位置，後來還掌握過賈府的財政大權，最終嫁給了番邦，成為了王妃。

所以，無論我們出身如何，有理想、有追求，往往會成為有作為的人。

史湘雲：樂觀是最好的通行證

富貴又何為？襁褓之間父母違。
展眼吊斜暉，湘江水逝楚雲飛。

史湘雲是「四大家族」中史家的千金，是賈寶玉奶奶賈母的內姪孫女、賈寶玉的表妹。不過，父母早亡，又趕上家道中落，史湘雲過得並不多麼如意。

但史湘雲每次在賈府中露面，都笑臉盈盈，走到哪裡，就把歡笑帶到哪裡。以至於賈府上下，幾乎沒有人不喜歡她。

有人說「愛笑的人運氣不會太差」，所以，無論多麼苦，我們都要樂觀面對，未來會跟著美好起來！

妙玉：清高不一定有好結局

欲潔何曾潔？雲空未必空。
可憐金玉質，終陷淖泥中。

妙玉是賈寶玉的一個知己，和賈寶玉沒有血緣關係。

妙玉出身於官宦之家，後削髮為尼。

不過，妙玉雖然美麗聰慧，卻極其孤傲。

在劉姥姥第二次進大觀園時，因用了她的杯子飲茶，那只杯子險些被妙玉扔掉。妙玉明顯瞧不起劉姥姥！

後來，清高的妙玉被賊人擄走，結局令人悲傷嘆息。

俗話說：「曲高和寡！」一個人高高在上，往往會被疏遠。我們應該放下架子，虛心地和別人交朋友。

賈迎春：你的善良必須有點鋒芒

子繫中山狼，得志便倡狂。
金閨花柳質，一載赴黃粱。

賈迎春是賈寶玉大伯家的女兒，是賈寶玉的堂姐。

賈迎春諢名「二木頭」，老實本分，不知道進退。

賈迎春的善良並沒有給她帶來好運，她的丫鬟、婆子也漸漸不把她放在眼裡。賈迎春出嫁後，丈夫對她又打又罵，賈迎春仍忍氣吞聲，後被虐待而死。

我們應該善良，但不能一味地善良，不然會被傷害。你的善良必須要有點鋒芒，對不值得付出的人和事，請不要濫用你的善良！

賈惜春：看淡可能是最好的歸宿

勘破三春景不長，緇衣頓改昔年妝。

可憐繡戶侯門女，獨臥青燈古佛旁。

賈惜春是賈府四位千金年齡最小的一個，是賈寶玉遠房的堂妹。在賈府興盛之時，賈惜春經常打趣說自己要當尼姑；在賈府衰落後，賈惜春真的削髮為尼，從此青燈古佛常相伴、了無牽掛！

對興盛衰落、大喜大悲，我們既要看淡，寵辱不驚、去留無意，也要不以物喜不以己悲。冷靜的人，往往能更好決定自己人生的方向。

王熙鳳：太過執著有可能一場空

凡鳥偏從末世來，都知愛慕此生才。

一從二令三人木，哭向金陵事更哀。

王熙鳳是賈寶玉母親王夫人的姪女、賈寶玉的表姐，是賈寶玉的堂哥賈璉的妻子、賈寶玉的嫂子。

有句話說：「月滿則虧，水滿則溢。」人生不能太圓滿，尤其是對於女人，如果太強勢，當某一天求而不得，往往會很失落。

我們沒有必要機關算盡，順其自然可能最好。

王熙鳳太聰明了，聰明反被聰明誤！

巧姐：過平淡的日子未必不好

勢敗休雲貴，家亡莫論親。
偶因濟劉氏，巧得遇恩人。

巧姐是王熙鳳與賈璉的女兒、賈寶玉的姪女，她本來能享受著錦衣玉食的生活，無奈事實變幻無常，最後跟隨著劉姥姥、王板兒到鄉下過日子。

人們都羨慕富貴人家的生活，卻不知有時候平平淡淡才是追求。不求大富大貴，過得開心、快樂就是最好！

李紈：為別人而活還是為自己而活

桃李春風結子完，到頭誰似一盆蘭。
如冰水好空相妒，枉與他人作笑談。

李紈是賈寶玉的親哥哥賈珠的妻子，是賈寶玉的大嫂。

李紈的這一生徘徊在為別人而活還是為自己而活，她最終選擇為別人而活。李紈婚後把心思用在了丈夫和服侍公公婆婆身上，丈夫早逝後，她又把大部分的心血花在了照顧兒子身上。兒子考取了功名，但此時的李紈已經心力交瘁，能幸福活著的日子不多了。

固然，應該為別人服務，但如果只知道奉獻不知道疼自己，就難以活出出色的自己。每個人都可能成為優秀的自己，好好地善待自己，可能不枉此生！

秦可卿：擁有健康很重要

情天情海幻情深，情既相逢必主淫。
漫言不肖皆榮出，造釁開端實在寧。

秦可卿是賈寶玉的姪媳婦。

秦可卿是「金陵十二釵」之中最早去世的人物，她是一位大美人，在她生病後，不好好調養。最終，她把一卷白綾扔在樑子上，結束了年輕的生命。

我們應該珍愛生命，「好死不如賴活著」！

當然，健康是自己的，我們要保證擁有一個健康的體魄，這樣才有時間和精力，在有限的時光裡做有意義的事，更好活出自己！

第二章 ： 給落魄加點料

第三章：這樣的不期而遇真讓人不舒服

你是否活在了最好的歷史時期？

本文以五個封建王朝唐、宋、元、明、清為藍圖，從歷史的角度去推斷你個人的發展。

中國最近的久負盛名的五個封建王朝：唐、宋、元、明、清。

從西元六一八年唐朝建國，到西元一一九一年清朝滅亡，共計維持了一千兩百九十三年。

第一，唐朝。

唐朝，西元六一八至西元九〇七年，在中國歷史上維持了兩百九十八年。其西元七一三至西元七四二年，為唐玄宗李隆基在位時期，是「開元盛世」。

開元盛世，前後有二十九年，是中國歷史上最繁榮的時期之一。唐朝的國都長安，與開羅、雅典、羅馬並稱為「世界四大文明古都」，並遙遙領先於開羅、雅典、羅馬，得益於漢朝、唐朝的英明決策。

也就是說，唐朝兩百八十九年，所在的第九十五至第一百二十四年為最好的時期。

「開元盛世」，有很多大人物，如「藥王」孫思邈等。

第二，宋朝。

宋朝，西元九六〇至西元一二七九年，在中國歷史上維持了三百一十九年。

宋朝，有北宋（西元九六〇至西元一一二七年）、南宋（西元一一二七至西元一二七九年）之分。

描述宋朝鼎盛時期的傳世名畫《清明上河圖》，以西元一〇六八至西元一〇八五年宋神宗趙頊在位時期的京城汴州為背景，傳達出祥和、安樂的氛圍。

也就是說，宋朝三百一十九年，所在的第一〇八至第一二六年為強大、發達的時期。

第三，元朝。

元朝，西元一二〇六至西元一三六八年，在中國歷史上維持了一百六十二年。

元朝橫跨歐亞大陸，是中國歷史上疆域最大的王朝，在元世祖忽必烈時最為強盛。忽必烈，西元一二六〇至西元一二九五年在位，接見過義大利旅行家馬可波羅，其《馬可波羅遊記》一書激起了歐洲嚮往東方的熱潮，為新航路的開闢奠定了基礎。

也就是說，元朝一百六十二年，所在的第五十四至第八十九年為最好的時期。

第四，明朝。

明朝，西元一三六八至西元一六四四年，在中國歷史上維持了兩百七十六年。

明朝有十七位皇帝，最讓人津津樂道的不再是明太祖朱元璋，而是明成祖朱棣。朱棣，西元一四〇三至西元一四二五年在位，期間有兩件大事飲譽全球：一是「世界五大宮殿」之一的故宮初具雛形。在「世界五大宮殿」中國故宮、俄羅斯克里姆林宮、英國白金漢宮、法國凡爾賽宮、美國白宮之中，故宮以其規模、對人類歷史的影響居於「世界五大宮殿」之首。二是在朱棣的推動下，「鄭和下西洋」促進了中國航海的發展，在人類歷史上是一個壯舉。

也就是說，明朝兩百七十六年，所在的第三十五至第五十七年為最好的時期。

第五，清朝。

清朝，西元一六一六至西元一九一一年，在中國歷史上維持了兩百九十五年。

清朝由滿族創建，元朝由蒙古族創建，清朝和元朝一樣是由少數民族建立的王朝，至西元一七三六至西元一七九六年清高宗乾隆在位時發展到極致。

「康乾盛世」名不虛傳。

在乾隆時期，有很多偉大的作品浮出水面，如「中國四大名著」之首的《紅樓夢》等。

也就是說，清朝兩百九十五年，所在的第一百二十至第一百八十年為最好的時期。

二〇二〇年，中華人民共和國成立第七一年，中華民國成立第一百〇九年。

第七十一年，趕上了短命的王朝元朝最好的時期；第一百〇九年，適值唐朝、宋朝最好的時期。

我們怕中國撐不了太久，想想第一個社會主義國家蘇聯（西元一九二二至西元一九九一年），僅存活了六十九年就煙消雲散。僅剩下的五個所謂的「社會主義國家」：朝鮮、越南、寮國、古巴、中國，他們人民現今的生活狀況，他們人民在國際上的地位，不免寒顫！

你是願意生活在中國，受共產黨踐踏、任共產黨妄加罪名，還是樂意生活在臺灣為人類做出貢獻、活出更好的自己？

請決斷，因為生命不知哪一天就流逝，甚至有可能被剝奪！

為什麼別打開深夜的好友動態？

夜深人靜，很多人都睡著了。夜晚也是休息的時候！

這時候如果有人發好友動態，要記住了，深夜發好友動態的人多數是有心事的。

好友動態是與親朋好友等交流的地方，裡面多數是熟識的人。他為什麼會在深夜發好友動態呢？

心理學家認為，深夜是一個人最脆弱、最敏感的時候。白天裡，他可以頂著巨大的壓力陽光地面對生活，當到了深夜，在無人的角落，一天的委屈就可能在此時瞬間爆發。所以，如果你深夜打開好友動態，看到的多數是負能量的。

誰沒有在深夜大哭一場？當酒醉清醒之後，當生活上壓力巨大，深夜成了一個人發洩的突破口。

會看到，年輕的小夥子因為失戀了，在深夜灰暗、無人的角落抱頭大哭；會看到，帶孩子看病的母親，因為錯過了末班車，在那裡懊惱；會看到因為老父親久病不癒，在那裡哭得像一個孩子的成年人……

深夜，人們會容易選擇在這個時候爆發情緒。

不用擔心打擾到別人，到一個無人的角落，把一天的壓抑盡情舒展。

不在深夜痛哭過的人，難以談人生！

那是經過了多麼大的煎熬！

雖然我們經常看到每個人都笑容滿面，但天下的事哪有容易的？你所祈求的安逸不過是別人替你負重前行！

深夜也是一個人最孤苦無助的時候，也是最真實的自己。哪怕平時表現得很堅強，他也會在深夜嗚咽地抽泣。

他可能會痛苦難耐，在深夜的好友動態發表他的心情和感受。然而，誰會予以寬慰呢？每個人都有自己的圈子和生活。第二天早上，他看到好友動態裡很少有人和他互動，他可能會把那一條訊息刪除。

很多時候，我們都是在強迫自己堅強，我們的心事難有人懂。別人又何嘗不是如此呢？知音難求！

不如這樣：人生的路總是要繼續走的，好好愛自己，成為自己最堅強的依靠！

願每一個人深夜都不再迷茫，每一個無助的日子都給自己一個堅強的擁抱。

謝謝你，曾陪我走過

日子如流星趕月，轉眼，我們已經分開兩年了。

還記得那天，我把你送到了北京西站，你轉過頭來對我說：「過兩個月再回北京！」然後，你踏上了遠去湖北的列車。

我感覺你在回首的那一刻默默流下了淚水，我聽到電話那頭你哽噎的聲音，我的心又何嘗不是支離破碎？

在你不在我身邊的日子，隨著時間的推移，我對你的思念與日俱增。只是，後來的後來，我發生了意外，與之前所有的人都斷去了聯繫，包括親人、朋友、同事，還有你。我開始去面對新的生活！

若不是二〇二〇年春節假期，從湖北武漢擴展的新型冠狀病毒，迅速攪動著所有人的命脈，我可能不再會為你提心吊膽。

現在我無法與你取得聯繫，每一個黑夜和白天，我真的想知道：你是否還健康？當初，在北京的時候，我們多麼親密，我照顧著你，你對我愛得深沉。你的身體狀況不是多麼好，像林黛玉又病弱西施，我為你思緒翻騰，你是否還在湖北孝感，你是否躲過了新型冠狀病毒的侵襲？

我知道，以我目前的處境，我無法守候在你身邊；我知道，我就像斷了七情六欲似的，在接受改變。然而無論如何，我們之間是否還有沒有可能，我好想對你說：「人世間最偉大的友情和愛情莫過於『金風玉露一相逢，便勝卻人間無數。兩情若是久長時，又豈在朝朝暮暮』。」雖然這些話無法讓你聽到，但遠方有一個人為你禱祝，相信，會有天使替我為你守護。

謝謝你曾陪我走過，你是我生命中最美麗的存在。

選一人過一生，擇一城而終老

二〇一八年，我被共產黨戕害時，我並沒有大驚小怪。人生在世，誰能無痛無恙？面對不幸，我堅信，每個人有每個人的生活方法，意外和驚喜，哪一個先降臨，難以被料到，所以我都能夠從容應對。

現在，我仍然不失對未來美好生活的希冀；芸芸眾生，弱水三千，只取一瓢飲。即便難以遇到對的人，時刻保持稟性，一輩子一個人也不為錯！

我願善待每一個人，包括關心我、愛我的人，我的粉絲。不為每一步選擇而後悔！

還有面對將來，有人建議我到文化繁榮的地方生活；對於我的身分，有人說我出身於書香世家。其實我只不過是透過自學中文作品在亞洲的幾個國家或地區暢銷。這些年來，我拒絕了一些海外的邀請，在陶醉自我的同時，不知不覺，已到了定居的年紀。雖然我習慣了漂泊，但來日不多，能有一片安居之地便心滿意足。

我認為我仍有選擇去往的權利，一座小城，一個相知相契的人，夫復何求？

我們活著，不光是為了別人，更為了活出自我。

每個人都是不一樣的，每個人所選擇的路也不盡相同。

無論什麼時候，我們都有對未來美好的追求。我用了十年、二十年去追逐夢想，雖然我現在還是個失敗者，但已經一步步與成功握手。

未來的道路還很漫長，之前的波折已成為打下的基石。

世界那麼大，我們又那麼小，努力便是一輩子的。

我堅信，會有一個人為我駐足，從此守候著她到天荒地老；我相信，會有一座城讓我深深愛上，往後餘生，溫馨著那座城。

一個人，一座城，此生足焉！

愛上不值得愛的人多麼痛苦

二〇一七年九月十二日，北京朝陽警方接到報案稱王寶強前經紀人宋喆等人利用職務之便，將工作室業務款占為己有，目前宋喆等人已被刑事拘留。

二〇一六年八月十四日，王寶強怒發「離婚聲明」，對妻子出軌經紀人宋喆表示了強烈的不滿，要解除與馬蓉的婚姻關係，以及與宋喆的合作。

那一段時間可是操碎了大家的心！

王寶強以「傻根」的形象備受關注，到後來的「阿炳」、「許三多」等角色，從最基層的群眾演員成為當紅的影視明星。

王寶強靠得不僅僅是機遇，更是他一步步穩扎穩打的辛苦所得！

還記得當初，當王寶強帶著前妻馬蓉第一次公開亮相時，很多人都驚豔於馬蓉的美貌，說王寶強配不上馬蓉。

在別人對馬蓉大加炫耀的同時，王寶強也不忘補充幾句：「她不僅長相美，心靈也美。願意跟我，我以後就要好好對待她。」

知人知面不知心！王寶強還是對馬蓉判斷錯誤了。

在婚姻裡，並不是你是有錢人我就嫁給你，妳長得漂亮我就娶妳。愛情要建立在兩情相悅的基礎上！

王寶強與馬蓉婚姻失敗的罪魁禍首是馬蓉！

一個女人嫁給了一個有錢，又有社會名望的老公，關鍵是這個老公還疼她，如果還不安分守己，這樣的女人就只能「自食其果」了！

據報導，王寶強在發現馬蓉出軌之前，馬蓉就已經和宋喆將王寶強的資產轉移。

一些人會認為，宋喆是北京的戶口，王寶強來自於一個貧寒的家庭，宋喆人高馬大、有安全感，王寶強只顧著事業、在外貌上比起宋喆是稍遜一籌，所以，馬蓉後來選擇宋喆是對理智的，是對的。

女孩們，「男怕入錯行，女怕嫁錯郎」，跟一個並不愛你的男人在一起，尤其是這個男人人品出了問題，你只會傷痕累累！

馬蓉在離婚後看是和宋喆幸福了一段日子，但宋喆在當時能轉移王寶強的資產，照樣以後也會做出同類的勾當。這不，宋喆就被警方抓獲了。

作為「中間人」的馬蓉，因背叛了前夫王寶強現在聲名狼藉，又結識了人品不過關的宋喆，她的內心一定是極其失落的！

可憐人必有可恨之處！馬蓉婚姻失敗的例子也在告誡我們，對於她，王寶強不值得愛她；對於宋喆，她不值得愛宋喆。

如果愛上了不值得愛的人，那痛苦將會沒完沒了。

我們不要做婚姻失敗的馬蓉，愛情不是兒戲，選擇什麼樣子的人作為自己的終身伴侶，並不僅僅是靠外貌去判斷的。

他的修養、他的真才實學、他的品格、他的為人……所有這些，是需要女孩們綜合考慮的！

睡夢中常遇到哪三種人？

人們都希望美夢成真，對過去的美好都魂牽夢縈。多少浮光掠影的片段，夜半來、天明去。

夢是我們對現實的延續，日有所思、夜有所夢。

夢中有溫情、有驚愕，夢是我們無法用手腳觸摸到的！

人們只有靠著想象去解析夢，周公、佛洛伊德，這兩位釋夢的天才，似乎也無法解答人們心中的困惑。夢，多麼迷離！

字典中是這樣對夢解釋的：睡眠時體內外各種刺激或殘留在大腦裡的外界刺激引起的影像活動。

我們做夢，有時候不願意醒來，有時候不知為何會夢見他（她）。

我們會夢見什麼樣子的人呢？

阿兵初遇王茜時，她穿著潔白的連衣裙，笑容可掬，烏黑長髮襯托出她不凡的氣質，再加上她名牌大學畢業，一身才氣，阿兵覺得喜歡上她了。

接下來的日子，阿兵的腦海中時常浮現出王茜的影像，睜眼、閉眼都是她。

夜靜闌珊，他進入夢鄉時，還會遇見王茜那個有靈氣的女孩。久久揮之不去！

我們做夢，會遇見我們喜歡的人，求而不得，他（她）就會出現在我們的夢境中。我們會滿腦子都是對方的美好！

人們會對喜歡的事物念念不忘，礙於顏面還沒有達成所願，便會在夢裡相遇。

研究顯示，人們睡夢中也會經常遇到另兩種人：一是對自己好的人，二是思念的人。

人生道路上，有很多人助我們一臂之力，有很多人如及時雨給我們關懷；我們心存感恩，在某一個慵懶的夜晚，他（她）就容易闖入我們的夢境。

人都希望在自己困難的時候有人相幫，當我們遇到了麻煩事，身邊又沒有一個可靠的人，我們常常會夢到對我們有知遇之恩的人。

還有，當我們剛失去了親人，或者心中對某個人放不下，我們睡夢中也會遇到他（她）。這一份思念如羈絆讓我們難以割捨得下。

「每逢佳節倍思親」、「一種相思，兩處閒愁」，親情、愛情是我們夢境中難以逾越的兩個鴻溝。

我們做夢，便會常遇到這三種人：第一，喜歡的人；第二，善待自己的人；第三，值得牽腸掛肚的人。其他形形色色的人物，大部分如過眼雲煙，難以和我們有交集，更難以在我們腦海中扎根，我們夢到他們的機率也是微乎其微。

朋友的四品

世界上每個人都需要朋友，朋友有所謂的損友和益友。什麼叫損友，什麼叫益友呢？佛經裡講朋友有四品，就是四種朋友，我們可以借鑑一下。

第一種「有友如花」。有的朋友對待你像對待花一樣，當你盛開的時候，把你插在頭上，供在桌上；當你凋謝了，他就把你丟棄。也就是說，當你擁有權勢、富貴的時候，他把你捧得高高的，凡事奉承你、隨順你；一旦你功名富貴沒有了，失去了利用價值，他就背棄你、離開你，這就是嫌貧愛富的朋友。

第二種「有友如秤」。有的朋友像秤一樣，如果你比他重，他就低頭；如果你比他輕，他就趾高氣揚。也就是說，當你有辦法、有品位、有權力時，他就卑躬屈膝；當你功名權利都沒有了，他就看不起你。

這兩種如花如秤的朋友都是損友，應該與其保持距離。

第三種「有友如山」。有的朋友像高山一樣，山能廣植森林，養一切飛禽走獸，任憑動物聚集在裡面自由自在生活。所以，好的朋友像山，有著廣闊的心胸，能容納得下你的成功與失意，歡樂與悲傷。

第四種「有友如地」。有一種朋友如大地，大地能普載萬物，我們在大地上建房子、栽種花草樹木，乃至人、車行走其上，大地都毫無怨言承受著。所以，像大地的朋友，可以普載我們，替我們擔當。

這兩種如山如地的朋友都是益友，宜多交之。

普通人的人生五樣與偉人的人生五樣

我一直在想，如果我想成為普通人我需要什麼，如果我想成為偉人我需要什麼。

世界有七十多億人口，物以類聚、人以群分，和什麼樣的人在一起容易成為什麼樣子的人。

那麼，根據多年的調查，和探索、研究了普通的人常需要的人生五樣和偉人常需要的人生五樣。

第一：普通人的人生五樣

一、**親情**：普通的人割不斷親情的羈絆。大人物才會對自己狠心，哪怕被親人疏遠，也要去實現自己的理想與抱負。這一方面可舉的例子有一些發跡的商人，他們奔波在外，卻疏於對子女的管教讓子女懷恨在心。

二、**友情**：普通的人呼朋喚友、害怕寂寞，會寧可每天大吃大喝，也不願意一個人去鑽研。這一方面相反的例子有牛頓、川端康成等，他們被別人認為「自私」，他們以自我為中心、固守自我！

三、**愛情**：普通的人認為結婚、生兒育女是頭等大事，如果老來沒有人陪伴、送終那是悲哀。這一方面相反的例子有伊莉莎白一世、安徒生等，他們為了事業會犧牲愛情。

四、**財富**：普通的人喜歡錢，喜歡在物質上攀比。他們出手闊綽，可能還頭腦簡單、四肢發達，許多年後，從這個星球上徹底消失或者成為他人談資的笑柄。可以舉的例子有，貪圖便宜的小人物、吝嗇鬼等。

五、**健康**：普通的人怕死，知道健康的難能可貴，且活著且珍惜且善待自己！

第二：偉人的人生五樣

一、**自由**：你的身體可能被控制，你的思想可能被左右，但你的靈魂、你的骨氣可以不再受支配。

文天祥說：「人生自古誰無死，留取丹心照汗青。」

那些嚮往自由的，不甘被驅使。

甘地領導印度人民「非暴力不合作運動」，催促了英國殖民的瓦解，他成了印度的「國父」。

身在曹營心在漢，心中有鬥志，才可能力排眾議、一覽眾山。

二、**權利**：「弱肉強食」的法則亙古綿延，你不強大，不要以為會相安無事，別人只會過來欺負你、試圖改變你。

成吉思汗先改變自己、力挽狂瀾，他才有可能改變當時的世界。

三、**品格**：偉人是正能量的代表，即便無法擁有普度眾生的情懷，也會捨己為人。

穆罕默德、耶穌在宣傳他們各自的宗教時，必先從對方的角度著想，才有可能讓他人信服。

四、**才華**：姣好的面貌容易流失，才華卻像陳釀一樣，歷久彌香。

《三國演義》中認為曹操是奸雄，雖然書中對曹操的批評較多，但千百年來曹操的偉業的確讓人景仰。

五、長生：偉人希望與天地齊壽、日月同庚，活在千秋萬代心中。中國封建王朝的第一位皇帝秦始皇自知生命有限，修建了長城，讓後世記住了他。偉人會留下其他的東西，譬如建築物、思想等，連同他的名字不在時間的洗滌中成為過去式。

看電視劇的負面作用

一部電視劇不止一集，可能會花費我們幾天、半個月甚至幾個月的時間去消化。我們是從中獲益匪淺，還是從惡如崩？

打我們很小的時候，家長、老師就可能告訴我們：「多看書，少看電視劇！」於是衍生了很多書呆子。只知道學習的人反而在社會上吃不開，大家會認為他沒情趣、因循守舊。

於是，為了更好地生存，我們接觸快捷的方式，觀看電視劇就是一種消遣。

從電視劇中，能開拓我們的視野，讓我們激發靈感。

電視劇也是一種毒藥，消磨時光不說，最直接的代價是讓我們近視眼，影響學習、工作。不同題材的電視劇，不同國家或地區拍攝的電視劇，會改變我們的價值觀念。

近朱者赤、近墨者黑，我們和周圍的人不同，自然會被周圍的人疏遠。

況且電視劇中都是一些鏡頭，王子與公主的愛情童話哪會發生在我們身上？家庭倫理劇的結局大圓滿實在讓我們可望不可及。

電視劇是一種美化的產物，讓我們在幻想當中不務實際，現實中更多的是冷酷，不盡如意，所以因為如此，我們才甘願在電視劇中自我麻醉。

看到別人生活得多麼完美，我們卻一塌糊塗，理所當然會憤憤不平；看到別的國家那麼和樂有氛圍，我們卻整日掙扎在貧困第一線上，能有幸福感嗎？

小時候，我以為所有的電視劇都是中國發行的，那時候很自豪，瞧不起世界上其他的國家或地區。後來才發現，中國在影視這一塊太落後、太死板了，我才開始偏愛港臺；再大一些，我傾向於日韓的作品；如今，我喜歡歐美的作品。

當我們了解得越多，才會恍然醒悟，大有一種相見恨晚的感覺！孰優孰劣，我們有了自己的判斷。

前一、二十年，我遠離中國中央電視臺新聞聯播，學習、事業突飛猛進，我受人歡迎、受人喜愛；當某一天被他們強迫定時定點收看新聞聯播，一連就是數不清的夜晚，才感知他們的假惺惺，對整天灌輸我們政治病毒反感。

誰真心善待我們，誰又想完全愚弄我們，我們有自己的掂量、分辨得出高尚與卑鄙。

電視劇只是一種慰問品，別喪失了理智就好！

第四章：如何才能夠擺脫困境？

到底誰在受歧視？

烈火烹油，鮮花易折。人一旦在奴化的環境中長大就容易認為自己天生是奴隸。

中國是一個充滿歧視的地區，擁有一億多人口的河南省在另外三十個省、自治區、直轄市中成為擋箭牌。

河南省人的不受歡迎程度眾所周知，不少工作單位更明文規定：「河南人除外！」

河南省人的坑、蒙、拐、騙臭名昭著。也難怪，河南省人在中國不受歡迎。

中國，其他省、自治區、直轄市的人不喜歡河南人，他們自以為優越。

如果你和北京的人結交，他們一定會滿含鄙視說：「外地人，哼，稍有不爽，就讓你滾出北京！」

北京人自以為天子腳下，卻拿著從別的省、自治區、直轄市剝削的錢財到他國揮霍。

曾有個北京人，自以為高人一等，在乾淨、優雅的杜拜大街隨地小便，他以為全世界的人都得對他仰視，誰知，被一個普通的杜拜市民一耳光扇醒：「請您注意文明！」

那個北京人還大言不慚說：「我在北京有六棟房子，我老婆是做官的。」

杜拜人不慌不忙說：「我雖然只是一介平民，但我的地位比你高！」

之前認識一個叫哈力．買買提．努熱的新疆人。

他在北京被處處盤查。

很多人認為維吾爾族人很可怕，後來才知道，他們那邊很多手無寸鐵的村民被屠殺，理由是被冠以「恐怖主義」的罪名。

新聞上天天宣傳，說美國種族歧視嚴重，說黑人在美國遭遇了不公平的對待。可能正有這種預謀，共產黨很早就從非洲引進了大量的黑人。如今的廣州幾乎成了黑人的「第二故鄉」。黑人在中國無法無天，他們享受著優等的待遇，禍害著中國人。這一切得感謝共產黨。共產黨為了維護自己的國際地位，在非洲大肆撒錢。要不聯合國中支持共產黨的不會絕大多數是非洲的國家，不然自作孽不可活，共產黨早就從歷史上煙消雲散。

共產黨不會去蠱惑歐洲人、北美洲人、大洋洲人，因為聰明的他們根本不吃共產黨那一套。共產黨就詆毀說他們反對一四億中國人，豈不知他們反對的只是共產黨，如此而已！

共產黨總以為馬克思主義是世界上、是宇宙間唯一的真理，他們要消滅資本主義。不過有遠見的中國人早就移民到了資本主義國家。中國人出國的機率很少，他們見識短淺，他們的上級肆無忌憚忽悠著他們。

如果你不是共產黨員，你不同流合汙，你在中國不會好過。

上流社會人捧人、中流社會人踩人、下流社會人吃人，中國發展了七十多年還在「扶貧」，中國是世界上貧富懸殊最大的國家之一。中國共產黨從幾十年前就開始吹牛：「用十年趕超歐美！」結果，大躍進、文化大革命……滿目瘡痍！

沒有人去懲罰共產黨帶來的罪惡。抵制華為、抵制抖音……世界才會健康有序。那些被迫害到異國他鄉的中國人才會在這個星球有一席之地，才會發光、發熱！

心情不好的時候，常去這三種地方！

當我們工作不順、愛情失利、親朋離世……我們就可能陷入憂愁之中，而且有可能長時間難以自拔。

如何讓自己早一日走出低迷呢？自我調節很重要！

當你心情不好的時候，常去這三種地方，有助於刷新你的腦袋，讓你重新振作起來！

第一：菜市場

武俠小說家古龍說：「當一個人走投無路，心一窄、想尋短見的時候，就放他去菜市場。在菜市場裡，哪怕他已經心如死灰，他再次嗅到人間煙火的氣息，也會萌發出對生活新的希望。」

菜市場是充滿生活情趣的地方，這裡滿是熱愛生活的人。他們會把自己的攤位收拾得井井有條，他們會為了一兩塊錢饒有興致討價還價。

在菜市場熙熙攘攘的人潮中，你會看到新鮮的蔬菜、五顏六色的水果、活蹦亂跳的魚……你的心情會慢慢平靜下來。

你可能遇到熱心腸的小販，可能遇見好久不見的老鄰居，和他們聊天中，很有可能改變你看待生活的方式，你的心態也會隨之放鬆。

所以當心情不好的時候，菜市場真的是一個好地方，能重新點燃你對生活的激情和熱愛！

第二：圖書館

德國作家歌德說：「讀一本好書，就是和一位品德高尚的人談話。」當你心情不好的時候去圖書館，圖書館是一個很安靜的地方。徜徉在書籍的海洋中，你會忘卻煩惱，明白自己是多麼匱乏和無知。

你會在多讀好書之後，換一個心情，整裝待發！

所以當你心情不好的時候，去泡圖書館吧，在那裡你可以安靜思考！

第三：學校

學校是一個充滿活力的地方，當你心情不好的時候，如果是一個人去母校，看到學弟、學妹們年輕的氣息，你會追憶曾經在學校裡的點點滴滴，會明白在社會上的坎坷終究是曇花一現；如果是去接你的孩子，看到你孩子天真爛漫的笑容，你的心情隨之被笑容所感染。

所以，當你心情不好的時候常去學校，會讓你有種找到了青春的感覺，你的心態會更陽光！

安迪的新生

「有些鳥是關不住的，因為它們的羽毛太美麗了。」電影《刺激一九九五》中主人公安迪的朋友瑞德感嘆道。

安迪曾是一個銀行家，由於被律師陷害，以殺妻罪被關進了鯊堡州立監獄。沉默寡言的安迪一開始與其他囚犯格格不入，但是後來他認識了一個叫瑞德的人，漸漸他們成為了朋友。

一次，安迪與其他囚犯在勞動時，無意間聽到監獄看守在講有關上稅的事。安迪說他有辦法可以使監獄看守合法免去這一大筆稅金，作為交換，他為十幾個犯人朋友每一人爭取到了兩瓶啤酒。那一刻，他的朋友們有的坐在地上，有的坐在臺階上，每人喝著安迪靠智慧得來的啤酒面帶微笑，放眼望著遠方的夕陽。瑞德說這麼多年來他們又一次有了自由的感覺，此刻安迪也第一次露出了笑容。是安迪給他們這些早已被「體制化」的囚犯又帶去了自由的感覺，注入了自由的希望。

監獄的生活是令人窒息的，囚犯們其實早已失去了作為一個人最起碼的尊嚴，嚴格一點來說，他們其實就是靠每日三餐維持生命的行屍走肉。

這天，所有囚犯們都無所事事在平地上活動，突然一段悠揚的小提琴聲不知從何方隨著微風飄來，他們頓時駐足凝目仔細聆聽。剛開始他們的眼神中透露出茫然與迷惑，彷彿是久違的朋友忽然出現在眼前，不能確定是在現實還是在夢幻中，漸漸每個人都陶醉其中，時間彷彿在這一刻停止了，萬物都因這音樂而存在。坐在播音室裡的安迪躺在搖椅上，又一次露出了會心的微笑，他打破了監獄裡死氣沉沉的空氣，為這個充滿陰暗色彩的地方，添上了一抹生機勃勃的綠色。於是安迪又一次在囚犯們心中埋下了希望的種子，喚起了他們對自由的嚮往與渴望。

後來安迪想為監獄建立一所圖書館。為了得到第一批書，他每週給州議會寫一封信，連續寫了六年。再後來，他增加到了每週寫兩封信。

在安迪入獄的第二十個年間，圖書館終於落成了。這也是一個劃時代的勝利，這個勝利的影響是深刻的，它從此讓囚犯們的內心充實起來。安迪增強了尋求自由的念頭，他告訴瑞德：「人生可以歸結為一種簡單的選擇——不是忙著活就是忙著死。而待在監獄裡就無異於等死。」

當安迪脫掉了囚服跳進池塘中，就像一條魚自由自在遊著，讓清澈的水洗去汙垢，獲得新生。他站起來張開雙臂，去擁抱那久違的自由！

不久，瑞德也獲釋了。

一個陽光明媚的日子裡，安迪與瑞德在墨西哥的海濱重逢了。

希望的光芒會照到監獄中的每一個角落，不管他們曾犯過什麼罪，這光芒必然會溫暖他們，讓他們心生熱忱，看到光明的前途。

相信自己，不放棄希望，不放棄努力，耐心地等待生命中屬於自己的輝煌，這就是安迪的新生！

陪伴是最好的安慰

你有沒有發現，某個人在你身邊，忽然間再也聯繫不到了！

你沒有留意，便可能再也無法挽回。

二〇一〇年夏天，我接到了父親去世的消息。那時我還不穩定，生活上還是一團糟。我灰頭土臉得趕往家鄉。

我的父親是因為意外事故去世的。就在前些天，我們還通過電話，沒想到好好的一個人，在人世間就再也沒有生命的跡象。

我來不及見我父親最後一面。當在太平間裡，看到父親遺體時，我再也控制不住失聲痛哭起來。多少個日日夜夜，我發誓，等我將來發達了，一定要讓父親過上嚮往的生活。只是還沒等到那一天，父親就永遠和我說再見了。

在父親去世的頭一兩個年頭裡，我經常晚上做噩夢，醒來的時候眼中掛滿淚珠，我愧疚啊！父親為了我年紀不大已經花白了頭髮，他把所有的愛都給了我，他把他的一生都奉獻給了我。

我終於明白，應該在親人還健在的時候，好好地陪伴親人，不然親人可能一去不復返！

我們總以為未來的日子還很長，我們還有時間好好報答親人。然而，「天有不測風雲」，今日他還活蹦亂跳的，明日他就有可能和你陰陽相隔。

親人養育我們，無非是希望能共用天倫之樂。當你累了、失敗了，親人永遠是你停靠的港灣。

抽時間陪陪親人吧！我們在一起的日子在一日日縮減。常回家看看，我們的人生難留下太多的遺憾。

你很難知道，在一個人最孤單的時候，他多麼希望有一個值得信任的人陪伴。就那麼陪伴在他身邊，哪怕一句話也不說，也會讓人心安。

由於我性格內向，很少和人說話，於是，我交往的朋友也不是很多。

一天，一個朋友忽然在半夜打電話給我，說他的妻子去世了。我二話不說，趕往他家的樓下。

他見到我，像沒發生意外一樣，把我請到他的臥室裡。然後他像個孩子嚎啕大哭起來。我一開始不停安慰，後來只靜靜坐在他身邊，聽著他抽噎，向我哭訴。

第二天，我返回到家的時候，他給我發了一條感謝的短信，說沒想到我會過去陪伴他。不然，他可能想不開，為妻子殉情。

陪伴有時候會挽救一個人的生命！

人都希望在自己落寞的時候有一個人守在身邊，哪怕什麼也不做！

人是群居的動物，不可能一輩子總是一個人，今日你沒有好好地珍惜他，明日他就可能永遠消失在你的視線。

有一個人很喜歡我，我們在一起度過了一些美好時光。後來她要回她的老家，我沒有跟著去。至此以後，我們就像斷了線的風箏很少再有聯絡。多年後她嫁人了，我還是單身。

聽說，她經常後悔沒有跟我在一起，我也認真地反思：錯過她，我可能一輩子再也難以遇到對的人！

有的人，一轉眼就是一輩子。

我們的戀人和我們前世可能有緣分，不然不會苦苦只為我們守候。錯過了，就可能一個望月長嘆，一個對花流淚，直至永遠！

人生中沒有太多的等待，陪伴才是最好的安慰。

一生中有幾個人去守護，充實人生；一生中陪伴那些該陪的人，說不定還會再相見。

我們不得不相信那種機緣，不錯過，不牢牢抓住所有，可能是我們人生最理想的生命狀態。

活得很壓抑怎麼辦？這樣調節很重要！

當人們到了一定的年紀，常常會表現為情緒低落、煩悶等，這些精神狀態被稱為壓抑。壓抑，會導致人陷入負面情緒的漩渦。

《黃帝內經》認為，人有十二經絡，每個經絡主宰著一個情緒，如果某個經絡中的能量受堵，其對應的負面情緒便會爆發。如，膽，其對應的負面情緒是憤怒、指責；脾，其對應的負面情緒是抱怨、委屈；腎，其對應的負面情緒是恐懼；肺，其對應的負面情緒是悲傷；膀胱，其對應的負面情緒是消沉；三焦，其對應的負面情緒是緊張，等。若想這些負面的情緒自然消失，就需要疏通經絡。如，輕叩風池穴可緩解緊張，指壓合谷穴可治療頭痛失眠。

這和現代中醫改善肝鬱的方法有非常的類似。

現代中醫認為，人們如果長久壓抑，便容易導致肝鬱氣滯。現代中醫也認為，「百病皆生於氣」，人們肝氣鬱結，再經過四個步驟：橫逆犯脾、痰濁內生、痰氣互結、結於喉結，便會患上腫瘤，下面分別講一講！

橫逆犯脾

人們肝氣鬱結，和經歷的變故、遭受的壓力等因素有關聯，以至於臉上長斑等。這時候，如果經常沒有胃口，還消化不良、感冒等，就是肝氣「犯脾」了。

痰濁內生

這時候，人的體內產生了不能及時或者難以排出體外的垃圾。

痰氣互結

也就是說此時人體內的「痰」和「氣」已不再受章法的約束，開始變得循經上行，到處流竄。

結於喉結

此時，也就是甲狀腺結節了。

甲狀腺結節後，當痰氣流竄到肝裡，就會患上肝腫瘤；痰氣流竄到胃裡，就可能患上胃腫瘤……

對現代中醫的這些認為，現代西醫也深有同感，更認為，人體的百分之八十的疾病和肝氣鬱結有關聯，人們大部分腫瘤的誘因是肝氣鬱結。

既然這樣，壓抑不僅僅是能形成肝氣鬱結這麼簡單了，發展成腫瘤就後悔晚了。

如何遠離壓抑，這裡給你提幾點建議！

找個朋友談心

心情不好的時候不要總是一個人去承受，找一個朋友談心，很可能你心中的堵塞被疏通，你也會變得開朗了。

不吝嗇自己的時間

壓抑的人多數是殫精竭慮還樂此不疲，此時，不妨抽空參加團體的活動，會讓你走出自我的侷限，在感受他人心態和想法的同時走出壓抑。

醒來一杯水

很多時候，我們壓抑會寢食不安。以至於打亂了正常的作息時間，這時候醒來一杯水，會讓自己的大腦不至於還停留在混沌的狀態中，能夠快速清醒。

常吃茼蒿、金針

這兩種食療會有助於我們疏肝理氣，對經常嘆氣、喜歡發怒有很好的改善。

為什麼對小國的印象那麼深刻？

世界有兩百三十多個國家或地區，有發達的、有發展中的、有落後的，並不是國土越廣袤，人們的生活水準越高。相反，往往越是小國，人們越有優越感。在小國裡，本土人們之間的競爭相對較弱，個人的才華會得到及時展現。

有位名人曾說過：「相比較大國的獨裁、專制，我還是喜歡小國的民主、自由。」大國為了鞏固自己的統治，就要對內統一思想和行為。當然天地造萬物，每個人都有靈性。對於那些不服從上級管制的，有自己想法的，往往會受到排擠，甚至被斬草除根。

能做到「百花齊放，百家齊鳴」的大國已經不多了。若是每一波人都想獨樹一幟，最高管理者的地位必然岌岌可危。他為了「永坐江山」，對於不是逆來順受的、不唯命是從的，自然想置之死地而後快。歷史上也衍生了很多想擴張領土，而對其他民族大肆掠奪、野蠻屠殺的行徑，不過，他們會美其名曰在建立「某某某共榮圈」。

統一之後、強大之後，更容易對內奴化；統一之後、強大之後，更容易內部上層之間爭權奪利、手足相殘。

誰都夢想成為至高無上的王者，誰都夢想一呼百應，誰都夢想萬壽無疆……既然這樣，何不相安一隅，各自安好？

小國和大國就不同了，在足夠穩定的情況下，每個人都可能是人才。例如，小國平均每一百個人能出一位明星、一位市長，大國可能平均每幾百萬人才能有一兩個人超然脫俗。為了成為眾人的焦點，為了地位，大國人與人之間必然相互傾軋、相互扯別人的後腿。

抹黑別國的先進，美化自己的統治，已成為某些大國的慣用手段。

所以，很多有遠見的人寧可遠走他鄉，背上「叛國」的黑鍋，也不願意一輩子任人宰割。前蘇聯著名作家尼古拉．奧斯特洛夫斯基在他的代表作《鋼鐵是怎樣煉成的》中有一句話：

人最寶貴的是生命，生命對於人只有一次。人的一生應當這樣度過：當回首往事的時候，不會因碌碌無為、虛度年華而悔恨，也不會因為為人卑鄙、生活庸俗而愧疚。

不難想像，新加坡、瑞士、盧森堡、梵蒂岡……這些一流的小國的國人活得更像自己。他們不用喊國家多麼廣大，他們每一個人都享用先進的醫療、教育等，他們每一個人在他們的國家都不可或缺，他們在世界的影響力也是顯而易見的。

大國，少你一個人不會被在乎，尤其是你沒有自己的思想和主見，更容易隨波逐流、被拋棄。

命運，要掌握在我們手裡，為人類而發光何嘗不是一件美差？不要再被操控你良久的主人蒙蔽了雙眼，人有必要挺直腰板、站立起來，擺脫奴性的束縛。

小國，你會少了與同國人不必要的算計，你可以全心全意彰顯人生的價值。既然能夠和世界名流平起平坐，誰還願意再當一個愚昧、殘暴的大國的棋子？

換個角度，原來是這麼可愛！

我們不知道未來會發生什麼，我們總以為世界很美好，當不幸降臨在我們身上，我們才痛定思痛——永遠不要被眼前的現象迷昏了頭腦，別開生面，我們可能會更好。

我之所以不和親人在同一個城市居住，是因為我和他們的「三觀」不一致。三觀，即：世界觀、人生觀、價值觀。我有我的追求，我不否定親人們的「三觀」。和親人們在一起，他們總對我亂加指責，說我這也不對那也不對。我沒有去爭執，我不做無意義的爭執。

世界這麼大，我後來找到了志同道合者。

只要做對人類社會有意義的事，我就無悔。我很感謝海外給我開闢了一片天地，我現在仍需不懈努力。時間，讓親人們漸漸變得理解了我、支持了我。

此處不留人，自有留人處！

不否定自己的價值，人生不會頹廢。

有時候，我們會陷入汙垢無法自拔，但換個角度，自有柳暗花明的一面！

有一個小孩，他打開了一扇窗戶，看到一條瘦得皮包骨頭的流浪狗無精打采趴在牆角，他潸然淚下。

這時候他的媽媽走過來，撫摸著他的頭，對他說：「孩子，你開錯了窗！」

他的媽媽打開了另一扇窗，看到窗外鳥語花香、處處欣欣向榮，小孩頓覺神清氣爽。他開心笑了起來！

有時候，不是我們走投無路，而是我們不知道變通。眼前進退兩難，何不另闢蹊徑？

人類相比較蒼茫宇宙來說還是很渺小的，何況是個人？

我們可以活出精彩的人生，關鍵是要敢去拚，敢去闖！

眼前的路行不通，不打緊——車到山前必有路。有時候我們不逼自己一把都不知道自己有多麼厲害！

相信自己，會風風光光過一生；所有的坎坷與磨難，只要你願意，會成為你愈加強大的基石！

做一道有自己特色的語言大餐

我們到過很多餐廳，但是經常去的或者吸引人的也就那麼幾家，它們之所以能讓我們流連忘返，是因為那裡能夠「製作」出一些有特色、吸引我們味覺的大餐。

全球大型跨國連鎖餐廳「麥當勞」，它就有著自己的經營特色。例如，牛肉食品在進食之前，要經過四十多項品質的保證；肉餅要選用肩肉、上選五花肉，肩肉和上選五花肉的比例約為四點八八比一；食品製作超過了一定的期限，便不能再食用。

如此嚴格的標準，使得顧客在任何一家正規的麥當勞店都能品嘗到同等品質的食品。因而，麥當勞深受千家萬戶和各個年齡段人們的喜愛。

著名的舞蹈家和主持人金星，就對麥當勞情有獨鐘。她是說話犀利的女性，很多明星都少不了被她「當頭棒喝」。

金星說，要做一個成功的主持人，必須要像經營麥當勞一樣打造自己的語言大餐，首先，你要注意自己外在的神情，如果去參加商業性的演說，你必須要言辭激情四射，這樣能提高聽者的志氣；如果臺下的聽眾是一些學生，這時候最適合抱有感恩、感動的心態去演說，這會讓學生們感同身受，達到「教書育人」的效果。其次，在我們說話時，要留意自己的語速，如果說得太快，會讓別人聽得囫圇吞棗，你講到最後別人不明所以然；如果講得太慢，聽眾會失去傾聽的興趣，漸漸打起了哈欠，你一場演講，別人就在打盹中睡過。

再者，一個優秀的主持人，要注意調節自己的音量，如果音量是激昂的、慷慨的，那麼會使聽眾情緒高漲，帶動現場的熱烈氣氛；如果音量低沉、傷痛，會使現場陷入一片悲傷的氛圍當中，這在一些必要的場合如開追悼會時很常見。

金星每一場的主持都讓人久久回味，她贏得了「毒舌」的稱號。金星常常以「毒舌」自居、自嘲。當有人問她是否反感別人對她的這種稱呼時，金星說「毒舌」正彰顯了她個人的語言特色，無須改變。

她很享受她的「毒舌」的語言大餐，很少有一個人在這一方面上敢與她相提並論。

金星「語不驚人死不休」的作風，反映了她對待事件的真實和勇敢。反而因為她的這種說話特色，她所主持的節目佳評如潮，收視率極高。金星的語言風格，在她每個作品中都有著良好的表現。她敢於面對輿論壓力，敢於向壓力挑戰！

金星是一個公眾人物，她的主持的風格代表著她不服輸、敢愛敢恨的真實情感。金星曾經說，女人一般在出門之前照鏡子，看看自己哪裡不夠漂亮，需不需要修正，確定完美了才大大方方把腳步邁出門；男人則不一樣，只要領帶沒歪，梳梳頭髮就可以自信滿滿出門了。我們能嘲笑女人的多此一舉、「畫蛇添足」嗎？我們能看不起男人的「邋遢」嗎？其實都不應該！男人和女人各有自己的「形象特色」，才能在社交場合上讓別人區分。

金星還曾經談論過「廣場舞」中的大媽，誰說跳廣場舞是她們閒得無聊啊？起碼她們可以活動筋骨，還會防止在家裡被上門傳銷、電話詐騙等各種手段誘惑，她覺得大媽跳廣場舞這種調節方式很好。

金星說：「『毒舌』只是別人罵我的一個藉口，這就權當作是對我的排毒了，他們繼續罵只會讓我行善積德，因為那些謾罵傷害不到我，反而會讓我體會一種生命存在的優越感和價值感！」

金星就是這樣「不求同」她在做著自己的語言大餐。只要自己咀嚼起來回味無窮，何必太在乎別人的閒言碎語？

在這方面，金星又提醒大家，第一，要有自己語言上的魅力，不能怕別人的指責，要有自己個人的語言風格，不然總是瞻前顧後，只會讓別人貽笑大方；第二，個人語言風格的形成不是一時的功夫，說話結結巴巴、含糊不清，我們必須改正，不然，別人聽不下去、聽不明白，只會讓事情變得很糟糕；第三，說話的功夫在於全神貫注，在於一個人用心去說話，這能展現一個人深層次的修養。

我們要想說的話別人喜歡聽、願意聽，必須滿足別人聽覺上的享受，沒有人喜歡千篇一律的說教。因此，你演說上的突出特點往往是你語言制勝的關鍵，讓對方愛上你的語言，在於你敢於堅持自己的語言風格，並做得恰到好處。

從今天開始，做一道自己的語言大餐吧！不要著急，就像你做飯時那麼細緻，只要材料、火候、時間、耐心等到家了，那麼一定是香噴噴的飯菜！不光你吃起來誘人，別人的味蕾和你的差別不大，一定也會吃得津津有味。你不能讓所有的人都滿足，但你會讓大多數人愛上你家的拿手小菜，吃了這一頓還想吃下一頓。

記住：你又不是金錢，不會所有的人都會愛上你的言語的，只要能適合大部分人的胃口就可以了！保持個人的語言魅力，這是我們讓別人樂意傾聽和接受的精髓所在。

社群媒體有這九種表現的人不值得深交

社群媒體是當今常用的聊天工具之一，人們也藉由社群媒體結交朋友、交流工作等。在社群媒體上，我們會遇到形形色色的人。

有些人可能和我們有著很好的發展和未來，有些人注定和我們難以有好的結果。當社群媒體上對方有哪些表現，不值得我們深交呢？

頻繁傳送他的消息

如果你不喜歡一個行業，你的社群媒體好友恰巧是那一個做你不喜歡的行業，他天天不厭其煩地發他們的產品給你。

放心吧，「道不同不為謀」，你會因為討厭他的行為把他封鎖或加入黑名單。

聰明的人是不會頻繁地傳訊息給某個人，聰明的人往往會分享到他個人的好友動態。每個人都很忙，每個人都有著自己的事情要做。別人喜歡會看；別人不喜歡，如果天天灌輸給別人，自然會被拒之於門外了。

從來不幫你按讚，不評論你好友動態的人

說明他對你的生活、工作等漠不關心。

你和這樣的人難以有交集，聰明的人都會和這樣的人保持距離。

那些你每一個動態，他都給你按讚、評論的人，說明他在乎你，你在他心裡占有一定的份量，這樣的人是值得深交的。

平時對你愛理不理，一找你就是借錢的人

有時候你對一個人很熱情，但對方偏偏對你不理不睬，你以為你的堅持能贏得對方的另眼相看，但「緣分」這東西並不是一廂情願的！

平時他把你拋得遠遠的，一找你就向你借錢。這樣的人趁早遠離吧！

朋友之間是不會輕易談錢的，談錢容易傷感情。

如果一個人值得你深交，你每次有問題諮詢他，他往往都會給你滿意的答覆。這樣的人心理成熟，心理成熟的人會從對方的角度考慮，並不會不假思索一開口就向別人借錢。

不讓你看他的動態，在好友動態裡把你封鎖

這樣的人是對你心存芥蒂的，你們心的距離拉開了，你們很難聊到一起。句話說：「世界上最遙遠的距離不是一個在天之涯、一個在海之角，而是世界觀、人生觀、價值觀！」和你「三觀」不同的人注定難有共同的話題！

在你不知情的情況下，把你刪除或加入黑名單的人

平時你覺得你們的關係很好，當某一天你想約他時，卻發現訊息被拒收了。說明這樣的人不想讓你闖進他的生活，他不喜歡你。聰明的人還是和他保持距離吧！

不斷發小情緒和負能量的人

每個人都在負重前行，如果他的好友動態裡總是發一些負面的消息，代表這樣的人心理不是多麼健康。而且這樣的人整天圍繞自己轉，渴望得到別人的關注，往往是自私自利的人。

如果你喜歡他可以去鼓舞他，如果你沒有時間去搭理，天天一打開社群媒體就看到他消極厭世的資訊，這樣的人還是敬而遠之吧！

頻繁在好友動態裡炫富的人

有的人經常在好友動態裡晒大金鏈子小手錶，這樣的人心裡很空虛，企圖得到別人的誇耀而滿足自己。這樣的人沒什麼見識，不值得深交！

把你刪除、加入黑名單，再添加，又刪除再加黑名單的人

有的人他高興的時候會和你聊幾句，不高興了就把你甩得遠遠。這樣的人往往是把你當作出氣筒，我們與之交往會感覺活得很累。還是不要與這樣的人走得太近！

經常更換大頭貼、社群媒體名字的人

心理學家認為，這樣的人浮躁，對一件事情難以堅定、往會往三心二意。和這樣的人交往，你要懂得隨機應變和改變自己，不然你會不適應他的節奏不知什麼時候就和他產生了隔閡。這樣的人難以成就大事，很多事情容易淺嘗輒止，不是生意上的良好的合作夥伴。

第四章 ： 如何才能夠擺脫困境？

第五章．．鳳凰涅槃浴火又重生

是什麼讓我們倒退？

之前本來是一座獨立的小島，現在卻成了殖民附屬地。

「你現在是個成年人了，該好好接受調教了！」他們經常認為我犯了錯，把我從一隻放飛的海燕硬生生拉進籠子裡。結果，我失去了本來的天性，唯唯諾諾像個奴隸。

我變得一事無成，整天在浪費時光。我本來可以成為一個風雲人物，奈何有他們的修剪，讓我人不像人鬼不像鬼。我一直相信人應該力爭上游，奈何某一天他們會橫加指責，暴力干涉，還說為我好。

誰真心待我們，誰虛與委蛇，我們心裡自有一桿秤。

他們總告訴我們說他們是對我們最好的，不讓我們與外界、與他人聯繫。我們成了他們的機器還為他們數錢，我們能快樂嗎？

臺灣的朋友說把我視為人才培養，有朝一日，我會紅遍華人世界；中國的朋友說，長官讓我做什麼我就得做什麼，我不能反駁，不然迎來的是一頓毒打。

我也是有善惡、是非觀念的，誰對我好，誰把我當作棋子，我心知肚明。

不允許人民發聲的中國多麼可怕！他們說是為我們服務，可是我們驗證發現事實恰恰相反，我們只是他們實現他們不可告人目的的發洩工具。

按理說，我們不應該抱怨。對所有的酸甜苦辣應該爛在肚子裡，但我們是人啊，長了一張嘴，我們難道只用嘴吃飯？我們不是啞巴！

他們可以漫無限制，不允許我們有不同的意見，不然侮辱我們不愛國。天啊，愛國和愛黨根本不是一回事！

我們才是愛國的，憂國憂民，他們哪曾傾聽除了他們之外別人的心聲？善良被壓制，邪惡張揚。

讓我在短短的幾年像墜入了一九六六至一九七六年的「文化大革命」，事業、人生等呈垂直下滑，倒退了數年、十幾年。

他們還不讓我發言，他們還恬不知恥對外宣傳：「自由！」我們只有冷靜，今日受騙為階下囚，仍默默為人類耕耘，若干年之後，公道自在人間。

永遠定格的青春

人們都希望青春不老，多少人愛慕你年輕時的容顏，哪怕歲月滄桑，時光會為你挽留。《紅樓夢》成書有幾百年了，裡面的主角林黛玉好像永遠定格在十六、七歲，她好像永遠處在花季、雨季的青蔥。

歲月侵蝕了過往，但心中的那份對美好的執念不再凋零。經典會永恆，千百年來不會褪色！

第五章：　鳳凰涅槃浴火又重生

清朝乾隆皇帝創作了上萬首詩歌，流傳下來的難有一首，幾乎都消失在了歷史的煙雲中。我們要想定格一件美好與溫存，它必須足夠具有亮點，足夠與眾不同。難有與天地齊壽、日月同庚，長生不老也只是一種傳說。我們人類所嚮往的無非是心中最原始的、不沾帶汙垢的淨土，嫦娥永遠是一位容貌脫俗的女子、菊花和高風亮節有著剪不斷的淵源。

於是乎，人們都想停留住昨天的美麗，打扮、穿漂亮的衣服，這些固然讓你看起來好看，但也會有疏忽。

對於一些「不老女神」，有人常嗟嘆：「她的皺紋已經很深了，裝什麼年輕！」人們的虛榮心經不住推敲。

誰都想讓別人讚美，外在的花枝招展，遠不如境界的提升。那些好看的人會逐漸老去，風雲留下的是他們曾經的輝煌。人生在世，能有韻味的才有紀念意義。你的外貌、你的功名，歷史的塵埃會從中挑選——是否值得永久定格！

駱賓王寫《詠鵝》，他好像永遠是一個少年；趙雅芝飾演白娘子，她好像永遠是一位天仙。

人們對固有的印象難以抹去，那些深入人心的會讓人感動到良久、一代又一代。我們也可以永保青春，你的作品、你的價值感，會在不經意間流傳。大浪淘沙，足夠令人窒息的美會與時間同在。

別的都將遠離，最好的勝算才可能魅力不減。

那時候，你永遠是那時候的你，最純粹、最光彩照人的你。

所以，有必要留下美的東西，它會讓你的青春定格，且會隨著時間的推移，愈發光芒四射！

怎樣才會長得更好看？

俗話說「相由心生」，一個人長得好不好看，往往是由他的心智決定的。

但也有「蛇蠍美人」、「才華與相貌成反比」的時候，不過歷史上的那些才子佳人，如曹植、嵇康、卓文君、蔡文姬等往往是才貌雙全。

我小時候很少注意自己的長相，天天在學習各種知識。因而，我的成績一直是一流的，雖然有不少同學說我長得好看，不過，我並不在乎自己的外貌，從小到大照的相很少。

我曾經寫過一篇文章——「我在最好的年華裡都付出在了讀書和寫作上」。

的確，直到二〇一六年，我不再一直在家閉關寫作了，我在公司上班，又出去旅遊，才開始拍了不少照片。

當然，很多人說長得還是帥，更有不少人認為長得就像是一個小男孩。

反正，在長相上是贏得了別人的認可。

有人說我出版了那麼多書不會是一個壞人；有人說我長得老實明明就是一個好人啊……我在求職時也特別順利，不少老闆想錄用我，看中的不是我的才華，而是我的外貌。

他們總說我給人一種很清爽的感覺！

我還記得，我去一家唱片公司談合作時，他看到了我的照片，問是我小時候的嗎？我說那已經是我畢業後好幾年了。

我仔細分析了一下，人為什麼會長得比實際年輕，一是心底要純潔無暇，二是盡量善待別人，三是閉關去修養自己的靈性、讓自己更有才華，四是要正直、正義。

不過很多人說外貌是父母給的，我同意這種說法，只是不完全同意。要不，為什麼我們兄弟姐妹當中，每個人都長得不一樣呢？有的父母長輩長得不好看，子女卻長得一表人才；有的父母一生行善，子女卻是殘疾。

我認為一個人長得如何，還真的是靠一個人的心智！

女大十八變，男的到大了的時候也會外貌上有所改變。

在我小時候我的個子長得很高，我總被老師排在倒數第一排、倒數第二排。我們當時班級上有一個小個子男生，我比他高出三個頭以上。只是，我自從上大學後個子就不長了。

後來，我遇見了那位同學，他竟然長得和我一樣高了！

每個人的生長發育不同，外貌長得好不好看，其實還真的是有一定規律可循的。

不要以為你年紀大了，就是老人了。

白娘子一千七百年後報恩，她照樣不是長得如花少女？

我發現，一個人的顏值和年齡並沒有多大的關係。雖說時光就是一把刀，很多人會隨著時光的流逝越來越老、越來越難看，但總有一些人，他們看著永遠沒有改變。

要不，為什麼有一些「娃娃臉」呢？其實他們長得並不是小孩子，也不是他們多用心打扮，我認為關鍵在於他們的心態、善良。

一個心地好的人，他很難長得兇神惡煞的樣子；一個為非作歹的人，當然他可能長得很好看。

現在的社會，很多時候也是以貌取人。但光是一個花瓶也沒有什麼用！

那些娛樂圈的演員、明星們，幾乎每一個都長得好看極了，但有的人品很差勁，即便很有錢，也難有別人喜歡。

那些長得好看的，有的並不會輕易拋頭露面。明明可以靠顏值，但偏偏要靠才華吃飯。他們的美貌只有他們身邊的人去欣賞，他們認為也值得了。

「女為悅己者容」，自己即便長得好看，如果喜歡的人不滿意也會去改變外觀。

有的人為了討對方的歡心，會去整形。她們可能一下子整形成一個范冰冰，但永遠不可能整形成一個崔永元。

人的外貌是可以改變的，但內心是難以變動的。

很多時候，一個人的內心還真的決定他的顏值。長得好不好看，我們心底無私、是個好人就行了！

願你與溫暖相擁

在我們身邊，總會有一些人，他們有的沒有親人，有的沒有朋友，有的漂泊在外，有的孤立無助……他們好像被這個世界遺棄了！

如果你細細留意，他們也是渴望有溫暖相擁的！

只是孤單、落寞的他們，誰能知道他們的心房？

看到每一處都和樂融融，每一家都歡聲笑語，他們會更傷心難過。

為什麼他們到最後會落單呢？

當背起了行囊遠離了家鄉，當一個人在外拚搏，當最愛的親人離開了人世，當飛來了天災人禍，這些會讓他們更與人疏遠。他們慢慢變得沉默寡言，不愛和別人交往，他們也習慣了一個人的孤單。

尤其是夜闌人靜的時候，他們也會對月長嘆，滿腹都想著：「我在苦苦追求些什麼？」他們在想著什麼，念著什麼，我們不可得知，也無心去詢問，反正各過各的。

直到有一天，我們也品嘗到了寂寞的滋味，才發現每一個人的內心都是渴望溫暖的。

這時候，我們會希望哭了的時候有人慰藉；走投無路的時候，有人拉一把；失戀了，會遇到更好的；功虧一簣了，會絕處逢生。

但這些看起來很小的願望，誰會幫助我們實現呢？

我們到最後可能會擦乾眼淚，站起來獨自摸索，有時候我們也會擔心，在詭譎多變的道路上是否會誤入歧途？我們在想，如果此時有指引那該有多好啊！

特別是我們一直在黑暗中看不到光明，這時候如果有一縷陽光灑照進來，我們會感恩涕零，也會找到新生。

既然如此，每個人都渴望那種感覺，當別人淪落、即將消亡的時候，你是否會點起你的明燈，讓他也復燃呢？然後陪著他共同度過每一個風刀霜劍的日子。

漸漸，你們會彼此互相溫暖。

溫暖便是相互的，多散播溫暖，就會每一天都是豔陽天，每一天都充滿著生機與活力。

這也會讓我們受益終生，活得越來越有意義。

願每個人都被溫暖相擁，這樣世界就變得更和諧了。

還有請相信，無論是昏天暗地，還是嚴寒酷暑，會有一個人陪你到最後，美好而又溫馨！

為什麼有的人想不開？

打開思維的窗，你是站在窗外最美好的你自己！不同流合汙、不虧待世人，時光自會在若干年後還你公道。

經常聽到這樣子的報導，前一段時間他還好好的，不知某一天就選擇結束了自己的性命。對他的自尋短見，人們會各種猜疑，責備他的心理承受能力差。

正是他人的不理解、不尊重，導致他寧可離開這個無情的世界。你沒有對方的生活經歷，你無法體會對方的苦衷。

第二次世界大戰之後，很多被關押在納粹集中營的猶太人，他們獲得了釋放。很遺憾的是，他們選擇了自殺。為什麼集中營的艱難困苦沒有把他們打倒，他們回到家裡後卻崩潰了？

原來，他們從集中營裡出來之後，訴說他們曾經所遭受的苦難和折磨成了他們發洩的途徑。

一開始，有人予以傾聽，幫助他們排解，但漸漸人們對他們一遍又一遍講述表示極其不耐煩。他們承受不了，最終選擇了走向極端。

還記得魯迅小說〈祝福〉中的祥林嫂，她喋喋不休得訴苦，人們根本不能感同身受，人們從好奇到排擠，使得她淪為笑柄。

某某某演員自縊了，某某某作家跳海了……真令人惋惜！

有些事本可以避免，有些過錯本屬不應該，要是她生活在另一個國家，身邊有不同的人，結局就有不同的改變。

一直以來，我們都被認為最大的敵人是自己，一旦遇到過不去的坎，會讓我們歸根於自己不夠頑強。對故人、對前朝，我們可謂是毫不留情，我們會說陳世美、秦香蓮愛情的失敗最根本的原因是封建禮教，我們會說大清王朝腐敗無能才導致外國列強的入侵。我們會不假思索攻擊他人、他國，還自詡大公無私、很愛國。

在某些國家，媒體受到政府的控制，人們沒有自由、沒有平等。政府為了自身利益，會向人們宣傳，說長官很忙，不是出國就是下鄉；說全國人民處處歌舞昇平；說外國很黑暗，不是強殺就是暴亂。果真是這樣嗎？

當某一天人們能以國際的視野翻看，才會醒悟，自己只不過是被愚弄罷了。於是會憤憤不平。心中有壓抑，自然會想入非非，各種悲觀、失落侵擾在心頭，進而做出讓別人匪夷所思的事情。

壓力，便容易讓我們的思想陷入死胡同。當事業、感情、家庭等方面上的不順，難免有些人不會選擇與這個世界作別。

要是翁美玲不陷入與湯鎮業感情的旋渦，她可能除了一九八三年版的《射雕英雄傳》，有更多的經典影視作品造福於後人；要是「俄羅斯詩歌的太陽」普希金不與情敵決鬥，他可能不會中彈身亡，可能創造出更多華美篇章。

年輕人太意氣用事，稍有不如意，就會衝動，結果草率選擇了結束，讓親者痛、仇者快。我們想不通，最根本的原因是我們所處的社會環境，然後才是我們內心上的衝動。人，畢竟是很脆弱的，尤其是相對於有四十億年齡的地球更是渺小得微不足道。

如若我們生活在另一個地方，我們可能不會是這個樣子，人生軌跡也會改變。很多人會羨慕幾百年前的康乾盛世、一千多年前的開元盛世，如果生活在那個時代，可能比眼下更幸福。

如果我們目前地位低等，換作從前是人上人，我們當然更希望活在更遠的以前。人來到這個世上不容易，本身就沒有事事如意，何苦太委屈自己？

少管他人閒言碎語，這個地方，人人對你橫眉冷對；另一個地方，人人就可能視你為己出。

擺對位置很重要。我們無法改變環境，可以先去改變自己。和志同道合的人在一起，我們會其樂融融。

可能你身邊的人在百般刁難你，可能他們在給你灌輸負能量的思想。但親愛的，你可以衝破思維的瓶頸，山在那邊不動，你要主動向山走過去。

人的一生很短暫，與其活得很失望，不如像流星一樣留下耀眼的光芒。不管別人同不同情、支不支持，你只要做你，做最具特色的你自己就行。

多年之後，反而會因為你的不同凡響讓世人銘記，你是多麼有骨氣，不流於世俗。

體驗不一樣的生活

世界那麼大，我想去看看；人生多麼奇妙，我想百味體驗。很多人喜歡看穿越劇，從這一個時代穿越到另一個時代，有不一樣的生活和行為方式。沉浸在劇情中，彷彿是幾百年、幾千年前的人物。有當時的喜怒哀樂，有當時的成功與失敗。

有時候在想，如果真的是之前的那個人物，人生軌跡會改變。鐘靈毓秀、窮山惡水出刁民……不同的時代、不同的環境會造就不一樣的人物。有可能是烜赫一時的英雄，有可能是主宰千秋偉業的帝王將相。

你想成為怎樣的人？你生活的區域、你內心的衝動，會決定你是事與願違還是如虎添翼。生活在貧窮、落後、愚昧的年代，縱使你多麼想成為主人，你也可能被蒙蔽了雙眼，變得頹廢、一蹶不振；生活在民主、自由、公平的年代，你可能會耳濡目染，變為相應的菁英。

非洲在「七大洲」中面積位居第二位，然而偌大的土地上，卻沒有一個已開發國家。生活在那裡的人們，在與疾病、野蠻的爭鬥中，日復一日地重複著古老的活動。

日本在亞洲的土地面積居於第十七位，日本卻是亞洲諾貝爾獎獲得者最多的國家。在日本，科技、文化人物得到了極高的尊重與重視。日本的科技與文化在亞洲乃至全球也是首屈一指的。

韓國與朝鮮本是一脈相承，要是問世界上其他國家的人們：「你是願意留在韓國，還是願意留在朝鮮？」相信沒有人願意選擇留在朝鮮，朝鮮的閉關鎖國讓人壓抑，在韓國更容易活出精彩、漂亮的人生。

自以為幸福限制了人們的想像。

世界那麼大，當你了解了更多，體會了不同地區的不同生活，你才會深知，原來人生應該怎樣過才會有意義。

體驗了波光瀲灩的多瑙河風光，你可能不再會對曾經死氣沉沉的坑坑窪窪留戀；體驗了一人之下、萬人之上的呼風喚雨，你可能不再會對曾經悲慘的遭遇回味無窮。

「水往低處流，人往高處走」，太死板、固執，往往讓我們心甘情願得任人宰割，還樂在其中，用魯迅小說《阿Q正傳》中阿Q的「精神勝利法」自我安慰。

人應該擺脫奴性的束縛，失去了什麼，也不要失去心中的鬥志、心中對美好的嚮往。

我們換一處生活，會改變我們的心境，如若李煜生活在「開元盛世」，他就可能更有所作為。

時勢造英雄，如果山在那邊紋風不動，我們應該主動向山走過去。

人應該有所追求，體會多樣的人生，會更加成熟、穩重。

很多人都愛當演員，演繹悲喜人生；很多人都筆耕不輟，書寫千秋名篇。

優秀的演員、作家要百味體驗，觀察得細緻、深刻，會「人過留名」。

不求非得轟轟烈烈，但起碼別醉生夢死。大人物，無論是在順境還是在逆境中，都會把眼前的坎坷化為未來的力量源泉。

信任是多麼重要

現在用甜言蜜語去欺騙，一旦謊言被拆穿、失去了信任，只會給人們帶來痛苦甚至反目。

有一頭豬，它從小生活在一個小農院裡，它的主人天天告訴它說它是這個世界上最幸福的動物。瞧，院子裡的雞鴨鵝每天要忙著下蛋，狗要看家護院，貓要為主人逮老鼠，連主人最看重的牛也要拉犁耕種、馬也要拉車做著體力活。哪裡像它，吃完了睡、睡完了吃，它確實認為它是這個世界上最走運的動物。

它對主人感恩涕零，認為永遠會那麼無憂無慮下去。

豬天天沉浸在主人為它營造的氛圍之中。看著候鳥遷徙，很多鳥兒為了吃食奔波，它更為自己的無所事事慶幸。

有一天，主人不在家，它聽到隔壁同類的慘叫聲。不知道是怎麼一回事，於是挪動著笨重的身體，好不容易爬上了矮院牆。它大吃一驚，原來主人的鄰居在殺豬呢！

它從此害怕自己變得白白胖胖，因為某一天也會面臨像隔壁的那頭豬被殺吃掉的危險。

有句話說：「生於憂患，死於安樂！」很多「主人」為了鞏固自己的地位，不斷地向他的臣民們灌輸說他們是世界上最優越的，為此，不惜詆毀別國的發達，吹捧自己的統治。如當年的偽滿洲國、現今的朝鮮，他們的人們總以為世界上其他的國家都生活在水深火熱之中，他們是最快樂的，若他們有幸生活在民主、開放、機會均等的環境，他們總會恍然大悟，原來被騙了，而且被騙得那麼徹底、那麼乾淨！

小時候，我以為能吃上一口飯，穿上破破爛爛的衣服，我就是這個世界上活得最好的人。當時的新聞、廣播不停地薰陶，讓我堅信沒有比那個時代更先進的了。

後來我連連碰壁後，偶然接觸到了新加坡、臺灣等朋友，才發現他們對我更好，更懂得尊重我、更熱情、更有平等。我才後悔，活了那麼大，竟然一直在謊言中。我終於眼界開闊，對原先的禁錮失去了信任，對自由更嚮往。

當我們衝破了禁止和遮蔽，有自己的思想和主見，有創造能力，我們就能不總是受制於他人，就能當家做主，就更容易為人類社會做出貢獻。

一個先進的社會，必然不是對內制裁，強制統一人們的思想和行為。人們總有幡然醒悟的一天，到時候失去了人們的信任，好不容易打下的基石只會被摧垮。像秦王朝，它「焚書坑儒」，統一只維持了十幾年；像元王朝，它階級森嚴，統一只維持了九十多年；像蘇聯，它蠻橫霸權，統一只維持了六十多年……

「江山代有才人出」，給人們民族、民權、民生，雖然短時間失去了一呼百應、高高在上的舒適感覺，但對國對民是益大於弊的，任重而道遠！

讓更多的人喜歡你

喜歡一個人，起始於外貌，發展於才華，深陷於性格，安歸於人品。

在我們很年輕的時候，我們說喜歡一個人，首先要看他長得怎麼樣。那些面容姣好的帥哥或美女更容易占據我們幼小的心扉！

我們會在房間裡的牆壁上貼上喜歡人的海報、照片，甚至在日記簿裡也滿滿是我們喜歡人的照片。

隨著年齡的增長，我們看一個人不再那麼膚淺。外在縱使很華美，如果內在經不起推敲，也會讓我們漸漸失去興趣。

好看的皮囊千篇一律，有趣的靈魂萬裡挑一！

接著，我們選擇一個喜歡的人，並不是因為對方才高八斗，即便對方才華出眾，卻總是冷落你、不把你當一回事，我們也會累和疲憊，去尋找下一個目標。

性格上的互補，會讓我們在一起更融洽。

武俠小說《射雕英雄傳》裡，郭靖、歐陽克有一段時間同時追求黃蓉。按理說，郭靖資質平庸，歐陽克一表人才，乖巧伶俐的黃蓉相中的應該是風流倜儻的歐陽克，而不是老實的郭靖。事實相反，黃蓉選中了郭靖。黃蓉太聰明，郭靖太憨厚，機敏的黃蓉就難以和口蜜腹劍的歐陽克走到一起。

大自然就是這麼巧妙，互補才是關鍵。我們沒有的，對方有的，才會相互吸引。在熟透一個人的性格之後，要長久喜歡一個人，看人品！志同才能道合。

如果我們的目標不一樣，難免不會出現小差錯，失之毫釐將差以千里。

我們也渴望別人的喜歡，被人喜歡是一種榮耀。我們要有讓別人喜歡上我們的特徵，你的才華、你的樣貌、你的氣質、你的德行等，都決定著別人喜歡與愛你的程度。

我們難以做到集萬千寵愛於一身，即便是明星，也是各有所愛，不是每一位都風靡所有人的心目中。

讓人喜歡，讓越來越多的人喜歡，已代表了我們人生中的一種成就感。怎樣讓更多的人喜歡你呢？

如果我們的外貌差強人意，就要專注提升自己的才華；如果我們的天資落後於他人，總比別人慢半拍，待人真誠很重要，我們沒有必要機關算盡，有一些知心的朋友很不錯；如果你外在、內在都不是多麼突出，社交場合上贏得別人的尊重首當其衝，擁有良好的人際關係遠勝於你個人的獨自努力——一個人鬥不過一個團隊、一個團隊鬥不過一個系統、一個系統鬥不過一個趨勢，我們要具有發展的眼光，走在尖端的天之驕子永遠是讓人喜歡、津津樂道的。

如果你在這個地方遭受到排擠，也不要灰心，世界之大，總有一片天空任你馳騁。

有一個朋友，她人長得漂亮，而且有氣質，深得周圍人的喜歡。後來，她被檢查出患有一種嚴重的疾病，她身邊的人紛紛棄她而去，她有過痛苦，有過絕望。

後來，在別人的建議下，她到一個和她患有同樣頑疾的人群中過活。周圍的人都是和她一樣病症的人，她重新找到歸屬。她以她原來的品格又重贏得了人的喜歡！

此處不留人，自有留人處，永遠不要否定自己存在的價值，每一個人在這個社會上都有自己取之不盡的寶藏和財富。擺對位置很重要！

人一旦到合適的領域，就如魚得水，難以被平庸所干擾。

我們應該找對自己的路，走自己的路讓別人去說。我們會以自己的堅持，闖出一片天地，擁有、穩固和擴展屬於自己的粉絲。

第五章 ： 鳳凰涅槃浴火又重生

第六章：沒有消息就是最好的消息

關心忽然間消失的人

昨天他還和你談笑風生，今天他就可能和你再也沒聯繫。是人間蒸發了，還是另有苦衷？

我曾發過一則動態：「去年這個時候，你還活蹦亂跳的，現在，你已不在這個人世半年有餘，不過紀念妳的一本書大陸版、臺灣版不久後將上市。」

那是針對一個朋友而言的。她於二〇一八年四月遠回湖北的老家，從此以後音訊全無。據可靠的消息，她已經永遠長眠了。

在她的墳前，再堅強的男兒也禁不住淚眼滂沱。

我總以為能和她天長地久，可是我等到了開始，卻猜不到故事的結尾。明明前一段時間還好好的，怎奈「人有旦夕禍福」，她化作了雲、化作了風。

有的人，在我們的生命中出現、消失，直至永遠不再和我們有交集。有時一轉眼就是一輩子。我們也不知道未來會發生什麼，現實和預期總有差距。

我一直安心工作，對其他的行業淺嘗輒止。

某一天，他們過來打斷我、阻擾我，說我違背了他們那一行的某條規矩，然後不由分說切斷了我與外界的聯繫、剝奪了我的自由。

他們是舒服了，可他們的快樂是建立在別人的痛苦之上。

三百六十行，我只要把一行做得精通，此生就無悔。為什麼別人偏偏過來指責，讓我像他們一樣？

人都是獨一無二的，問心無愧就行，為什麼有的行業要凌駕於其他的行業之上？

我後來想明白了，這是個弱肉強食的社會，那些與世無爭的人，總有人過來打擾他們、試圖影響他們。你不按照他們的意向發展，你就要付出代價，犧牲是他們把你集中管理，灌輸他們的思想給你，不管你願不願意、接不接受，誰讓你地位就在他人之下？

我們有時候被迫改變，自己喜歡的事情做不了，別人認為是「正義」的，非得強迫我們和他們有相同的觀點。

己所不欲，勿施於人。那些蠻橫不講理的人，會隨時剝奪他人的自由。

自由是多麼可貴。我們有必要自強，不欺負別人，也不被他人頤指氣使。原始社會、奴隸社會、封建社會……只要你有所遲疑，上層就有可能讓你從這個世界銷聲匿跡。

人為什麼會忽然消失呢？主要在於這幾個方面的因素：

第一：發生了意外，如遭遇車禍、自然災害。

第二：被拘束了自由，叫天天不應、叫地地不靈，如人口的販賣、受苦役的人們。

第三：自己願意改變，開始了新的人生，如有的人經過了大起大落，拋卻了紅塵往事，以另一種形式出現在他鄉。很多人都說楊玉環被縊死在馬嵬坡，但她有可能扮成道姑，東渡到了日本。

我有一個同事，他天天發好友動態。忽然有一天，他的好友動態停止了更新，幾年內都不見一則動態，我以為他已經死了。

誰知在我完全忘記他的時候，他出現在另一個國家。這些年來，他經歷了什麼，天知道！

忽然間消失，必有內因。他在或者不在，都有其背後讓人捉摸不透的秘密！

改名換姓是什麼樣的情懷？

中國有句俗話，叫「行不改名，坐不改姓」，這只是對那些因循守舊的人來說，太注重世俗的眼光，未必不會讓自己陷入死氣沉沉、陰暗的一面。

名字，是一個人的名片。小人物的名字，往往是隨意的，如張三、李四。若一個人有一番作為，在取得成就之前，往往有一個響亮的名字，如大作家查良鏞，人們對「金庸」耳熟能詳；歌手、詞曲創作人、演員周鵬，「薩頂頂」卻深入人心。

名字，並不是一成不變的，人如其名。

人們都知道西施的美無可挑剔，有一位醜女，想模仿西施心痛發作，自以為那樣很漂亮，可他人不予以接受，於是給其改名叫「東施」。至於東施的原名是什麼，歷史的煙雲中已無從考究，「東施」更符合她的形象。

一個人為什麼要改名？除了更適合自己的身分，就是避免不必要的麻煩。

電視劇《琅琊榜》裡，林殊所屬的赤焰軍被視為叛軍，赤焰軍慘敗之後，林殊死裡逃生，他容貌、性情發生了巨大的改變。他化身為梅長蘇，在江湖中頗有地位，為當年赤焰軍所遭受的冤案平反。

電影明星成龍原名陳港生，他與林鳳嬌育有一子。這個兒子叫房祖名，既不姓陳，也不姓林。

有的人，因為名字不好，遭到別人的嘲笑，為了更從容不迫，換一個無歧義的名字很重要。

人們都愛拿他人當談資，那一份不尊重，很容易促使他人改名換姓。

改名換姓，容易有一個新的開始。那些隱姓埋名者，因往事不堪，雖然折煞了壯志豪情，但有一個新的開端。

古來的隱士、高人，他們的境界達到了新的層次，不顯山露水，不願意被世俗所累，不然處處鋒芒外露，很容易得罪人。

有真本事的人往往是低調的，真人不露相，露相不真人。不爭一時，既可以明哲保身，又可以後來者居上。

時間，會逐漸洗滌靈魂，此處不留人，他鄉自有知己。

我之前習慣在一棵樹上吊死，那讓我一直在失敗中掙扎，但我沒有失去自信，後來和外地的人取得了聯繫，發現了自己的價值。

志同才能道合，如果你身邊的人不停地數落你、打你、罵你，你有必要重新站起來。天下之大，總有一片天空任你馳騁。

不要害怕別人的冷熱嘲諷，更不要擔心改名換姓對不起父母長輩。如果你能成為一位偉人，你的先人泉下有知，會為你驕傲的。

在我身邊的人經常認為，只要我一輩子不愁吃不愁喝，就是對他們最好的報答。但我不甘那樣墮落，瞄準一個方向，視死如歸。

我從一九九八年開始自學創作，確實吃了不少苦。後來，為了寫好作品、為了推廣，我取了不少筆名，讓我漸漸覺得不枉此生。

人活著不易，不必太呆板。

改名換姓，可以迎來新生。

當你去往一個新的地方，不沾染不必要的陷害，改名換姓很是當務之急。

藝名、筆名的取用與忌諱

如果你是在藝文圈，你會發現有很多人物都改了名字。為什麼他們不用原名呢？這裡便有一定的學問。

先不說那些作家們，他們大多都會有一個頗有內涵的筆名。我們先來看看所關注的娛樂圈裡因為改名而爆紅的明星吧：

其一：劉德華。劉德華本名劉福榮，只是劉福榮這個名字太俗氣了，他改成劉德華之後，和他的外貌相當益彰，結果紅透娛樂圈幾十年，時至今日還魅力不減！

其二：張國榮。這位影壇上的巨星，本名叫張發宗，只可惜與他的形象不符，才改名叫張國榮，結果人們在今日仍能清楚記起這個名字。

其三：馮德倫。現在是萬千少女心目中偶像的馮德倫，本名叫馮進財，只是馮德倫比馮進財這個名字更有氣質，才能讓他在娛樂圈裡一路走紅。

其四：陳曉東。陳曉東本名叫陳卓陽，只是陳曉東比陳卓陽更有親切感，才能讓他俘獲萬千粉絲們的心。

其五：鄭少秋。這位縱橫港臺霸氣十足的影星，本名叫鄭創世，不過藝名更顯得他有幾分書生氣質，他所飾演的楚留香才能風靡萬千少女的心房。

其六：李小龍。這個有名的中國武打巨星，本名叫李振藩，不過，這個本名帶有一定的民族特色，讓外國人很難理解，他才決定改名叫李小龍，現在便風靡海外。

其七：成龍。這位娛樂圈裡的大哥級人物，本名叫陳港生。只是這個本名是一般的人物的名字，顯示不出什麼特徵，他的藝名卻給予了厚望，結果就會「成龍成鳳」，紅遍了整個國際舞臺。

其他的娛樂圈裡因為改名而事業爆紅的人物就不再一一列舉，他們改名帶來好運自有他們的道理所在。

我們再來看看那些因為改名而頗有成就的作家們吧：

其一：魯迅。魯迅算得上是中國的現代文壇的領袖，不過他本名叫周樟壽，後來改名為周樹人。相比較他的原名來說，這個筆名更能顯示出他的文章的風格和取名的價值所在。

其二：莫言。莫言本名管謨業，他改名叫莫言是激勵自己少說話多做事。在他獲得諾貝爾文學獎之前，在國際上，很少有人知道他，在他獲得諾貝爾文學獎之後，他才能在世界文壇上立足。正是因為他的這個名字，讓很多人去學習他，也或許因為如此，瑞典文學院才會對他青睞有加。

至於其他改名字的作家們比比皆是，很多也有一番非同小可的成就，這裡就不再贅述。看來，藝名、筆名的取用會改變一個人的人生，我們就不能秉持著「行不更名，坐不改姓」的教條了。

我們要突破常規，藝名、筆名的取用適當會讓我們獲得嶄新的人生且好運連連。到底在取名方面上應注意哪些，經過多年的觀察與實踐可以得知：

第一：要配合本人的生辰八字。這並不是迷信，會讓我們找到命運中的喜用神，透過姓名對命運進行補救。

第二：取名應避免重名。如果別人叫過那個名字，最好不要採用。你要用獨特的藝名、筆名，才能讓你看起來更唯一。不然，同樣的一個名字，有千百個名人在叫，你就會逐漸被世人所模糊了，以至於讓世人含糊不清，常常會混淆和你同名字的其他人。

第三：要能看出是男孩或女孩的名字。一個男神或女神如果取筆名或藝名，應該看起來像個男孩或女孩的名字，不然，會讓別人對你的性別產生錯誤的判斷。

第四：避免破音字，要叫起來順口，不然讀起來麻煩，漸漸他們就不願意去稱呼你這個名字了，取這個名字也是功夫白費了。

第五：不要充滿稚氣。你不是一個孩子，有必要叫得大度一點，這樣才能讓普通人接受。

第六：名字切忌花枝招展。這樣子的名字會讓人覺得倒胃口，可以參考看看那些清新、給人美好感覺的名字。

第七：一字多音不可取。這常常會讓人喊錯字音，便會鬧來笑話。

第八：名字要看起來好看。名字不光叫起來好聽，在書寫的時候也看起來好看，切忌用筆劃過多的字做名字。

第九：名字應符合個人的氣質與修養。俗話說：人如其名。一個人的名字往往是他的第一張名片，我們就要在名字上面下功夫了，起符合自己的名字，才能名字更為深遠和有意義。

第十：盡量迴避常用名。在中國，有些名字很多人都在用，即便符合你，也要很好回避。你會找到更適合你的名字。

第十一：名字應簡單，字數以二到三字為宜。

第十二：名字要忌用數字，例如王二、張三、李四，這樣讓人覺得不雅觀。

第十三：名人要讓人覺得歡喜，最好不要採用悲觀的字眼。

第十四：名字可以取幾個，每個之間要有關聯。一個人的筆名或藝名可以有幾個，但讓別人記住的往往只有一個。如果這些名字是毫無關聯的孤單個體，你不如取一個最適合你的，其他的都捨棄。要是之間有關聯的話，人們會記住你的兩個、三個，或者更多的名字。

當然，筆名、藝名的取用還有一些忌諱和祕訣。我們之所以在很多場合不用自己的本名，是因為想透過其他的名字讓別人更好地記住你。

那些只有本名的人，會讓一些喜歡他的粉絲漸漸覺得叫起來難堪。難怪他們會被別人給取其他的名字。這樣才能滿足不同粉絲的需求。

你會因為擁有不同的名字，綽號、化名、筆名、或藝名，會讓你在很多場地上都能安全過關，且會讓別人透過其他的形式記住你。

相信那些當紅的男神、女神們，都不想很快地被淘汰掉，就有必要在名字上面下一番心思了，會帶來好運！

最難能可貴的是時間

每一天都在發生著改變，每一天都是不同的我們自己。

我的第一本正式上市的書創作於二〇〇八年和以前。接著在中國尋找出版單位。不是名家，人際關係欠缺，自然是舉步維艱。我沒有否定自己的能力，認為凡是好的作品能耐得住時間的驗證。果不出其然，該作品偶然被臺灣最大出版公司看中，於二〇一〇年元月推出。這讓我更堅信了，一個作家，每個時間段，都可能創作出與之相適應的作品，機會難得，機不可失！

與此同時，我又想起了二〇〇六年，那一年可以說是我迄今為止創作最輝煌的一年。時值十多年後的今天，當年的許多作品細細回味起來仍覺得經典。要是我當初認為自己思想不夠成熟，擱筆的話，不少詩歌、散文、小說就可能永遠不會與讀者見面。

我喜愛珍惜每一段時光，每一段時光都會產生相應的價值，如果沒有把握住，餘生就可能再也難以彌補。

我們也是如此，今天該做的事如果沒有好好完成，以後就可能來不及去完成。

第六章 ： 沒有消息就是最好的消息

我們每一天都有自己的擔心，一瞬間的靈感、一剎那間的芳華不會為我們停留！

據說魚的記憶只有七秒，人類的記憶也會逐漸模糊。我們可能會記得今天、昨天發生的事，更遠的以前，我們大概只能三言兩語提及了。

常常到我們老年的時候，我們說以前的時光多麼美好，只是揉碎的回憶。即便若干年後，吳承恩寫了以唐僧西天取經為藍圖的《西遊記》，也不可能和當時的相差無幾，參雜了很多想像！

時間，一分一秒，萬事萬物都在發生著變化。你在做這一件事情，別人在你不知的角落做著另一件事情。每一秒，同時進行著很多不同的事情。

我們的生命有限，如果我們能活到一百歲，我們在這個世上頂多有三萬多天。每一天都不可複製，每一天都是不同的我們自己。

愛和時間賽跑的人，不歡迎時間被他人所操控。如果某一天，你被告知，你將有很多年的時間無法自主，擁有思考的你一定會痛苦不堪。

我有一個朋友，他習慣了自由，做自己喜歡的事，樂在其中。忽然某一天，共產黨找上門，說他得罪了共產黨，將面臨四年的監禁。

在接下的四年裡，他不得不硬著頭皮完全服從他人的安排。他當然不能夠接受，怎奈無力回天。他苦苦思索了幾天，開始學著改變。在逆境中也要堅強，不失鬥志！

我們最怕我們的時間歸於他人，每天在他人的指示下沒有自己而將就著。我們為什麼不能好好地為自己而活？

我們需要為社會做出貢獻，需要發光、發熱，這是理所當然的。無論何時，不建議把我們的人生完全託付給他人。我們努力爭取了，才會有意義。人不可麻木，社會的進步需要我們每個人有自己的判斷。和別人不同，力排眾議，今日被否定的，明日可能被肯定。

時間一分一秒，滴滴答答，會完成我們獨一無二的人生。

向前不蹉跎，往後不踟躕！

寂寞中的奮起

很多大人物都深受寂寞的干擾。越王勾踐一雪國恥之前用十年臥薪嚐膽；蘇武出使匈奴，被困匈奴牧羊十九年方回漢……

很多神話人物都和寂寞有關。孫悟空被鎮五指山下五百年，終陪唐僧西天取經成佛；白素貞雷峰塔下修行二十年，由妖化為蛇仙……

寂寞是一種讓人討厭的傢伙，有作為者無不和寂寞相伴。

生活在這個快節奏的社會，很少有人會喜歡寂寞。大部分的人都希望能把握青春年華，在有限的生命裡做有意義的事。

第六章 ： 沒有消息就是最好的消息

於是，人們爭先恐後想要高人一等，被眾星捧月的感覺已成為一種時尚和奢求！然而，「好花不常開」，誰也不能確保一輩子總被光環所籠罩。歡樂時短，憂愁則是一種常態。

在我們獨處或寂寞的時候，要坦然面對每一次不幸和挫折。

在我人生中的巔峰期，可能因為得罪了某個人，體驗到了從天堂跌入地獄的感覺。我被斷絕了喜歡的事物，要去面對從來沒有接觸甚至反感的一些東西。那段日子，我抗拒過、沉淪過，但又無法改變現實，我不得不先改變自己。於是，我認可了突如其來的遭遇，開始積極。餘下的時光，我除了按部就班完成任務，就是利用時間發揮所長，我感到了充實！

人最怕無聊，無事可做。

在不如意時，我們不如「好漢不吃眼前虧」、「識時務者為俊傑」，不然，容易以卵擊石、不自量力。

我們要保存實力，「留得青山在，不愁沒柴燒」，今日的失敗未必不是明日成功路上的墊腳石！

大人物免不了被失敗所困擾，哭過、痛過，才懂得難能可貴。

我們要在寂寞中奮起，不求轟轟烈烈，也別平庸。

餘生，便可能有巨大改變，贏得刮目相待！

為什麼兄弟會反目成仇？

很多人宣傳，親情、友情會永遠站在你這一邊、會永遠支持你，其實不然，道不同不為謀、良禽擇木而棲、各為其主。

最近，我經常和我哥哥鬧彆扭，他頭頭是道，對我不由分說就是一頓數落。他總以為他比我見識廣，他完全是對的，但我不是他的寄生蟲、不是他的奴隸，我和他是不同的個體，我也有自己的思想與判斷。

當我提出反對意見時，他就像獨裁者，非得要改變我的「三觀」（世界觀、人生觀、價值觀），還堂而皇之說是為我好。

他總愛抓住別人的一個缺點不放，皆以彰顯自己說的每一句話都是宇宙間唯一的真理，他強詞奪理，不尊重他人，我從一開始的「唯命是從」到後來的反感、唇槍舌劍。

世間萬物皆有靈性，我允許他發表意見，他為什麼不能接受別人搖頭呢？我得罪不起，能躲得起，所以我以後打算和他在不同的國家，他過他的、我過我的，眼不見心不煩。

那些總想操控別人意志的人，會強行改變別人的觀念與行為，還大言不慚得說：「為他好！」

時間會證明，他是顧全大局，還是麻痺你、讓你誤入歧途。

在明代小說《封神演義》裡，申公豹為當權者服務，對懷有異心的姜子牙意欲除之而後快，可姜子牙卻指責申公豹助紂為虐，兩個曾經要好的師兄弟反目成仇。

按理說，申公豹為統治階級清剿「叛匪」是正確的，但歷史後來選擇了姜子牙。勝者為王、敗者為寇，申公豹被釘在了恥辱柱上。

沒有絕對的對與錯，只是立場不同。

然而，可悲的是，剷除異己已屢見不鮮。人們為了自身的利益，絕不容忍有不同。為什麼非得要「統一」呢？「統一」背後無非是更多人的鮮血與生命。

成吉思汗橫掃歐亞大陸，他是蒙古人的驕傲，卻成了西方人的惡魔；二戰期間，很多亞洲國家對日本兵恨之入骨，日本人卻認為自己在建立「共榮圈」；秦朝從西元前二六五年滅西周，到西元前二二一年完成統一，用了三十五年，但秦朝「統一」後僅僅維持了十五年就被認為是暴秦被群雄殲滅了。

眾口鑠金，我們應當給予別人辯駁的權利。

別以為你現在強大，非得要壓制他、吞併他，風水輪流轉，元朝於西元一二三四年滅掉了金朝，金朝的後裔於西元一六一六年建立了清朝，清朝反而把元朝的後裔玩弄於股掌。

今日你占了上風，說不定明日他就會翻身成為你的主子。

所以眼光放遠、尊重，沒有必要自家兄弟表面和氣、背裡一刀。冤冤相報，若干年之後，鹿死誰手還不一定呢！

可別忘了，這個世上除了有弱肉強食、大魚吃小魚，還有以少勝多、反敗為勝！

隱藏好友動態，是在抵制著什麼？

好友動態是一個可以和朋友交心的地方，有共同語言、合得來的朋友才可能彼此長久地關注對方。

細細留心你的好友動態，你會發現，有的是你隱藏了別人的好友動態，有的是別人隱藏了你的好友動態，有的是彼此隱藏的，有的是從來不隱藏的……對於好友動態這五花八門的情況，別以為什麼都沒有發生，對你們之間的關係影響可大了！

去年，小梁和阿霍任職於同一家公司。

今年，小梁換了一家公司上班，和阿霍的同事關係結束。

阿霍的心理很不好受，對小梁的好友動態不忍去看，所以設定了不再看他的好友動態。阿霍也不想讓小梁知道自己的心情和感受、將來和過往，也設定了不讓小梁看自己的好友動態。

小梁起初並沒有在意這些，他還以為他們之間彼此沒有隱瞞、毫無隱藏呢！

小梁照樣是該發布動態的時候發布動態，該查看自己好友動態的時候查看。

只是小梁忽然覺得好久沒見到阿霍發布好友動態了，就想看看她以前的內容來回味。

誰知在小梁去查看阿霍的「好友動態」時，卻發現什麼都看不了了，小梁頓時明白了一切！

一個人和你社群媒體溝通，他的社群媒體名稱、地區、好友動態等是你經常看到的，對他的社群媒體名稱、地區我們可以記得滾瓜爛熟，他的頁面上記錄著他生活中的點點滴滴和心事。

當然並不是所有的情況都發布在好友動態上的，從一個人好友動態的所有，還足以判斷出他的狀況。

為什麼要隱藏他的好友動態呢？如果你對一個人發布的內容反感、不感興趣，那麼你會毫不客氣隱藏、不再看他的好友動態；如果一個人頻繁發布動態，都是一些廣告、推銷等，想想你一打開動態都是這些內容，它們以吸引眼球的絕對優勢，讓你忽略其他朋友的動態，時間一長，你就會讓這些永遠不再發生，那就是隱藏他發布的好友動態；如果你們之間有芥蒂，現在的關係急劇降溫，彼此也會拉入黑名單；如果你們本來並不是朋友，只是成為了社群媒體好友之後彼此信任才相互公開好友動態，當某一天你發現他是別有用心的人，你會讓他再看你的好友動態嗎？

對方不再讓你看他的好友動態，也往往是出於如上的考慮。

小提醒

一、朋友有很多種交往方式，有酒肉的朋友、有知心的朋友……你也會遇到各種的朋友，朋友貴在交心，但知人知面不知心，防人之心不可無啊！

二、別在好友動態裡什麼都展示，那往往會讓壞人得逞；

三、一個人的好友動態反應著他目前的狀態和他的職業、特點等，你應該能讓別人從你的好友動態裡看出你的修養。你的好友動態別弄得雜亂無章，讓人一眼就心煩！

第六章 ： 沒有消息就是最好的消息

第七章：今日人下人，明日人上人

低層次人士的九種表現

層次，是指系統在結構或功能方面的等級秩序。

一個人的層次高低，並不在於他有著什麼樣的學歷，更多的展現在他拿捏問題的分寸、他的人生閱歷、他的格局！

層次不同，難以走到一起、共謀事！

心理學家認為，低層次的人往往在以下九個方面有著突出的表現：

低層次的人喜歡鼓吹自己

國學大師南懷瑾說：「我這一生，用八個字來總結就是『一無是處、一無所長。』」

很多時候，高層次的人都表現得比較謙虛、比較低調。

低層次的人就不同了，低層次的人喜歡自吹自擂。

低層次的人總愛往自己臉上貼金！這樣，固然會贏得不少人的關注，但沒有真才實學，可能很快就會從人們的視線中消失。

那些曾經很轟動的「少年天才」，為什麼有不少後來消失了？

一個人要想長久贏得別人的認可，有必要打磨自己的實力。只要你足夠優秀，未來的天空就足夠有你馳騁的空間！

低層次的人愛攀比

現在很多人愛「面子」，他們總想薪水比別人高，老婆比別人的漂亮，孩子比別人的成績好……一旦滿足了他們的這種心態，他們就覺得就有了在別人面前的談資。

高層次的人不會在別人失落時大肆數落，不會透過貶低別人抬高自己。高層次的人明白：每個人都有得意和失意的時候，看到別人過得不好反而自己洋洋得意，這是一種不健康的心態。「風水輪流轉」，今日你愛理不理的，明日有可能讓你高攀不起！

所以任何時候，我們都不要嘲笑、詆毀別人，也沒有必要和別人攀比，人比人、氣死人！

低層次的人容易暴跳如雷

低層次的人，在遇到自己不爽的時候，往往不是心平氣和和對方理論，而是提高嗓門，大聲嚷嚷，這暴露了他的個人水準！

因爭奪「地盤」而大打出手的小販

高層次的人，無論是喜怒哀樂，往往都表現得比較冷靜，處理問題也比較理智！

兩輛豪車相撞，車主握手言和、成了朋友！

低層次的人容易錙銖必較

有句話說：「上層社會人捧人，中層社會人比人，下層社會人踩人。」越是低層次，人與人之間的關係越複雜！

千百年來，人們也在一直希望能融入上流社會，過高層次的生活。可能是他們都認為：在「下流」社會，人們所關心的不再是怎樣提高自己的學識、怎樣贏得周圍人的喜歡、怎樣去影響他人，關心的是怎樣能活著，怎樣能不至於吃了這頓沒下頓。誰願意把一生的時光都花費在意義不大的事情上？

低層次的人容易計較，會為了一些雞毛蒜皮的小事鬧得不可開交。

高層次的人往往就有豁達的胸懷，能容忍別人的缺點和不足，會力求和別人共同進步。

低層次的人不知道感恩

之前在別人困難的時候，你可能幫助過別人。但事後別人對你曾經的恩情可能拋之於九霄雲外。

俗話說：「滴水之恩，當湧泉相報。」那些你給了對方好處，甚至有可能被對方反咬一口的人，是讓人不願意與其再有交集的。

朋友貴在交心，帶有很多目的的，如金錢、地位等去交往，是不牢靠的。

低層次的人不知道珍惜

低層次的人會認為得不到的最好，會習慣吃著碗裡望著鍋裡的。

這樣「好高騖遠」，對不屬於自己的念念不忘，會容易活在失落之中。

低層次的人喜歡把自己的意願強加給別人

有一個老同事，他沒有上大學的機會，因而他總是抱怨他的父母和他所處的時代。在他的兒子讀高中時，他總是不厭其煩勸導兒子：「你必須要考上理想的大學，不然就有可能像我一樣一輩子碌碌無為又活得很窩囊！」

兒子不能有自己看法，只要兒子有反駁，他就亂加批評和指責。他認為自己曾經沒有實現的，兒子要幫他實現！

現在就有一些人。只要他認為是對的，就強迫別人跟著認為也是對的。他沒有能力辦到的，要求別人去實現。

低層次的人喜歡把自己的意願強加在別人身上，不管別人願不願意、樂不樂意。喜歡把自己的意願強加給別人，是讓別人抗拒的。

這樣固然滿足了低層次的人的心理需求，但難免不會不讓人反感，難以贏得別人的尊重。高層次的人不會強行剝奪別人的觀點與想法，能很好與別人溝通、達成一致的意見。

低層次的人喜愛傳播是非

現在的網路很發達，經常可以看到各種的消息。

有的人喜歡八卦，只要看到自己感興趣的，不管資訊的來源可不可靠，就到處傳播。這種不假思索、不加判斷，到處散布小道消息的人，是讓人難以與其真心交流。別人只會認為他閒得無聊！

高層次的人，無論是對真新聞還是流言蜚語，都能保持自己的見解和底線，並不會輕易把自己沒有把握的，一本正經相告給別人。

低層次的人習慣「混日子」

有一個朋友，他對自己的工作不滿，天天在那裡抱怨：薪水低、工作又多、上下班來回路程又遠、和同事的關係不怎麼融洽……但接著，他安慰自己：「現在找個工作不容易，先做下去吧，過一日算一日吧！」

低層次的人在遇到不如意的時候，不知道改變，以至於得過且過，一生難有大的成就。

高層次的人在遇到不是自己想要的時候，會想辦法追求更好。

「水往低處流，人往高處走」，高層次的人會眼界高，格局看得遠，取得的成就也可觀。

從理想到現實的途徑

理想很豐滿，現實很骨感，從理想到現實需要將自己的優勢發揮到極致，而非一味補短。一味補短，容易讓自己最終迷失方向。

時至今日，在事業上，我有兩個重要階段：

第一階段，一九九八至二〇〇八年，為上學讀書時期，主要創作純文學作品，如詩歌、散文、小說等。其中，二〇〇六年是該階段輝煌時期，僅詩歌就有兩千多首。幾年後，在出版的不少圖書上都有提到二〇〇六年的辛勤付出。

第二階段，二〇〇九至二〇一九年，為上班工作時期，主要創作為「市場型」作品，如成功勵志、青少年文學、醫學等。截至二〇一五年年底，以我的名義上市的紙質單行本有八十多本；截至二〇一八年年底，以我的名義，僅在香港、臺灣上市的電子書有三百多本。

第一階段的文字主要寫在紙張上，因為當時我沒有電腦；第二階段的文字打字到電腦上。我來自鄉村，陰差陽錯學習了理工，所以創作上很少受約束。

以我的名義第一本上市的紙本書籍創作於「上學讀書時期」，後來幾經波折，在臺灣最大的出版公司發行。不過，認識該出版公司的上一年，新加坡的出版公司就與我取得了聯繫，且第一個以我的名義簽約的出版社是新加坡。當年的新加坡那家出版公司的上級，多年後已成為新加坡作家協會會長（相當於中國的作家協會主席）。

新加坡、臺灣等地的出版朋友重視我、尊重我，以至於拋開學習、工作歷程，但從創作上看，很多人對我的第一印象是：港臺作家。

為什麼會有如此大的轉變呢？最主要的原因是，我小時候把目標定在世界最頂尖級別的諾貝爾獎，多年之後，中國有一個叫莫言的人，他獲得了二〇一二年年度的諾貝爾文學獎。一些人說我的偶像是莫言，其實，我一路走來，和莫言沒有半點關係，我有理想時，並不知道世上有個叫莫言的人存在。

為了把我培養成超越金庸、瓊瑤的人才，一些朋友建議我到臺灣發展，但是我還無法過去，就慘遭共產黨的魔手。

和臺灣、新加坡的出版社溝通，是我直接對接的；推介到泰國出版的，有可能到韓國出版的……是藉由他人。我有自己的經紀公司，臺灣的朋友還給我找了在臺灣當地的經紀人。介於此，二十一年（一九九八至二〇一九年）如一日，我並沒有意識到會發生波折。當時共產黨的不期而至，他們作為國家的正義機關，我信了他們。

後來，他們把我騙到幽禁的角落，一甩屁股就走了。他們總是前言不搭後語，以謊言在中國大肆行騙。他們可以隨便懲罰在中國居住的人，蒼天無眼啊！

他們以卑鄙的手段讓我們生在人間地獄。

我本來心態很陽光，卻變得頹廢、消沉。難以原諒共產黨的設下圈套、誆騙！

我失落了很久，又是情不自禁抹淚，又是捶胸頓足，思來想去，終於明白，人生沒有過不去的坎，我為人類創造精神財富，也為了實現自己的人生價值，這一點是正能量的，但只要和共產黨沾邊就是千錯萬錯，現在必須要把共產黨從心底斬草除根。

可能正如同行斷言，如果我能在我們行業裡再堅持一二十年，我可能推動人類歷史進程，可能影響全世界。因為每一個被共產黨陷害的日子我都會覺得度日如年，我一生能活多少年？但只要做所擅長，我就會更加努力、樂在其中！

怎樣才會被尊敬？

有句話說：「人不犯我，我不犯人；人若犯我，禮讓三分；人還犯我，我還一針；人再犯我，斬草除根。」每個人都渴望得到別人的敬重，忍無可忍的情況下，才會以其人之道還治其人之身。

你敬我一尺，我敬你一丈；君子坦蕩蕩，小人長戚戚。

電視劇《虎嘯龍吟》裡，諸葛亮和司馬懿的本領可以說是旗鼓相當。司馬懿自知軍事、才能上難勝諸葛亮一籌，在諸葛亮百般挑釁、送女裝侮辱等情況下，司馬懿仍按兵不動。司馬懿在等待時機，直至諸葛亮死後才率軍突圍。

在司馬懿心中，諸葛亮是敵人，更是知音。司馬懿打從心底佩服諸葛亮，只是各為其主，不然，有可能和諸葛亮把酒言歡、共商大事。

諸葛亮為什麼會受到司馬懿的敬重呢？除了個人本事以外，諸葛亮的「鞠躬盡瘁，死而後已」、「淡泊明志，寧靜致遠」從精神方面深深打動了司馬懿。

一個人工作上兢兢業業，有高尚的品格修養，容易受到他人的尊敬。

《封神演義》裡，太師聞仲和姜子牙是仇敵，聞仲死後，姜子牙在主持封神大典時，並沒有詆毀聞仲的靈魂，仍給予高貴的神位。聞仲的「忠」，讓姜子牙油然生敬，哪怕是站在不同的立場、曾經想招降聞仲而不成。

自古忠孝兩難全。當年國民黨的一些高官退居臺灣，留下親人在大陸，多年之後，兩岸的關係漸趨緩和，他們榮歸故里，不少人的父母已被共產黨折磨致死。他們選擇了「忠」，放棄了「孝」。還好，要不，有可能像他們的父母一樣，被批鬥、虐待。

說到孝，古有「二十四孝」：孝感動天、戲彩娛親、鹿乳奉親、百里負米、齧指痛心、蘆衣順母、親嘗湯藥、拾葚異器、埋兒奉母、賣身葬父、刻木事親、湧泉躍鯉、懷橘遺親、扇枕溫衾、行傭供母、聞雷泣墓、哭竹生筍、臥冰求鯉、扼虎救父、恣蚊飽血、嘗糞憂心、乳姑不怠、滌親溺器、棄官尋母。

一個孝順的人，即使他清貧、事業上不見有起色，也會備受青睞。身分尊貴的七仙女相中地位卑賤的董永，有一個很重要的原因是因為他孝順。

孝，會讓我們成為楷模；不孝，會讓我們成為眾矢之的。

在我本該圍繞在長輩身邊承歡膝下，卻被欺騙，像對待幽靈一樣軟禁在他鄉。我失去了孝順的機會，被羞辱。我知道江東父老會怪罪於我，我又何嘗不會自責？

我忽然若有所失，痛苦難耐。時不我待。

我會遭到非議，但心底磊落，管他流言蜚語？

人們都愛指責和誹謗他人，這展現了一個民族文化的劣根性。不能有自己的判斷，隨波逐流，這顯示了一個人胸襟的狹隘。

出生在山西解州的關羽，他效忠於蜀漢，當時，關羽的家鄉隸屬於蜀漢的敵國，按理說關羽應該是叛國，但千百年來，關羽為什麼會作為三國「魏、蜀、吳」時期為數不多的神話人物受人香火呢？

依稀記得「桃園三結義」，關羽和蜀漢的締造者劉備，另有張飛，共結金蘭。關羽說：「不求同年同月同日生，但求同年同月同日死。」關羽的「義」讓人敬仰。

「忠」、「孝」、「義」，工作上的忘我，心靈境界的深遠，容易讓人尊敬。

用對人的學問

越是有能力的人，其性格、脾氣等越古怪，老闆要讓他們為你辦事，必須要放下尊貴的身分和地位，要和他們交心，才能用真誠打動他們。

把所有人都用對了位置，你的事業便會蒸蒸日上。

有些人生來就是要做大事的，這是不容置疑的。他們在之前會十年寒窗、無數個日日夜夜苦練，為的就是某一天做大事。

歷史上已經有很多這樣子的人物，他們一生只做一件事就能成功。像文學家只寫作，工匠只設計……他們做一件事，會更激發自己的潛能，在某一個領域出人頭地。

於是為了更好有成就，他們會拜師學藝。在中國，最有成就的師父就算是鬼谷子了，他一生中只培養了四個學生，即兵法家孫臏、龐涓，縱橫家張儀、蘇秦，但這四個人就改變了當時的社會。可見名師出高徒！

那些大老闆們便急切需要名師的高徒來輔助，曹操說：「唯才是舉。」他在詩篇〈短歌行〉也說：「山不厭高，海不厭深。周公吐哺，天下歸心。」可見他求賢若渴的精神。

說到周公，就不得不說周公的父親周文王。明代小說《封神演義》中對周文王用對人有了更好剖析：

當時商紂王昏庸無道，天下諸侯敢怒不敢言，但偏偏西伯侯周文王就想揭竿而起，周文王在當時被稱之為西伯侯或姬昌。

可是要推翻紂王的殘暴統治，不是一朝一夕的事情，如果籌備不足就會被扣上謀反的罪名，而且姬昌從此也會成為千古罪人，他的西岐也會淪為階下囚。怎樣才能替天行道？姬昌便急需能人異士的幫助。

可大商王朝有能力的人比比皆是，要想推翻商朝必須有更出色的人物。

後來姬昌聽說，有一個叫姜子牙的人，他師從於元始天尊，有飛天遁地、無所不能的本領，而且聽說姜子牙為人正派，便是千年難得的人選。

好不容易，姬昌打聽到了，姜子牙在渭水一帶居住，就驅車前往，希望得到他的輔助。

但姜子牙並不會輕易輔助他，姬昌要親自為他拉馬車，這對當時的一個西伯侯來說，真的是禮賢下士啊！然而這些姜子牙還不滿足，他已經用沒有魚鉤的釣魚向姬昌表明了，他要做大事。

於是在姜子牙來到西伯侯府邸的時候，姬昌馬上封他為宰相，委以重任。才讓姜子牙能更好效力，擊敗了腐朽的帝辛，使得周朝的基業得以近八百年的綿延。

這就是周文王姬昌的明智之處，用對人，把他用在最合適的位置，才會發揮他最大的潛力。

如果一個人有非常之才，你就要把他用在非常的位置。不然像劉備三請諸葛亮，如果只讓他做了普通的將相，諸葛亮就會還不如「苟全性命於亂世，不求聞達於諸」。正是因為老闆給了他們更大的地位，他們才會從心裡不辜負老闆的厚望。不然讓他們覺得沒有價值，就不會為老闆賣力了。

為什麼說人放在重要的位置才有價值？我們來看一則故事：

有一個小女孩覺得她毫無用處，便心情低落。她的老闆對她說：「我有一塊石頭，你拿到集市上去賣，但無論別人出多少價格，你都不要賣出去。」

小女孩覺得奇怪，但還是按照老闆的要求把那塊石頭拿到集市上去賣。

一開始，人們對那塊石頭不屑一顧，但還是有人好奇走過來問：「小女孩，那塊石頭多少錢啊？」小女孩說：「你出個價格吧！」這個路人說：「一塊錢怎樣？」小女孩一搖頭，說：「不賣！」「兩千元呢？」「不賣！」「十塊錢呢？」「不賣！」「就一塊石頭，出那麼多的價格還不賣，不賣拉倒！」

這反而更引起其他行人的注意，他們紛紛圍觀，價格越來越高，但小女孩就是不賣，最終價格竟高得驚人，還被傳為「稀世珍寶」。

小女孩覺得奇怪，就回去問老闆：「為什麼石塊的價格越來越高呢？」老闆說：「因為它的位置和環境不同了！」

的確，如果一瓶礦泉水放在路邊攤可以賣十塊錢，放在超市裡可以賣二十塊，放在大酒吧、大飯館可以賣三十塊……事情就這麼簡單，位置不同，一個人的價值也就不同。

所以老闆要把員工放在對的位置，才會讓他們每個人都盡其所能為你效力。不然下里巴人、陽春白雪混為一談，好人才只會離你而去。

江小漁畢業幾年了，在社會上也小有名氣，他也曾經當過老闆，不過，他現在不想獨自經營了，想到一家公司去上班。

於是江小漁到了一家大企業。誰知這家大企業把他安排在了一個普通員工的位置，讓他每天做著文案的工作。

老闆還決定給他三個月的實習期，但每月的薪水還不如幾年前的多，這讓江小漁心灰意冷。

他得不到重用，心裡很受傷，在實習期還沒有過就主動辭職了。

辭職後，江小漁又自己當老闆，雖然沒有在公司裡氛圍和樂，但自己是老闆，是最重要的位置，何樂而不為？

怪不得，對於有能力的人，如果你不能給他好的職位，他就會遠離你。

就像是在一些國家的領土爭奪之上，讓別人臣服，必須要讓別人比目前更好，試想一下，讓他得不到好處，誰會放下皇帝不做，來做你的臣子呢？

這裡便會有「寧做雞頭，不做鳳尾」的想法，如果老闆不想失去人才，必須把它放在顯耀的位置，他才會有幹勁為你賣命。

另外老闆在用人時，也要確保有良好的分工，確保企業效益最大化。只有如此的老闆才算是精明的，才能集中各路英才，用之於你的門下，為你辦事。

而在老闆用人的時候，還有一點要注意，那就是尊重。好的人才便在尊重中展現出來，你不是在奴役人，而是在和他們平等的合作。

在中國春秋戰國時期，有一個叫晏子的人，他是齊國的使者。有一次，晏子出使晉國，在回來的路上遇到了一個頭戴破草帽、皮衣反穿的挑柴人，但晏子發現他眉宇之間有一種獨特的魅力，是成大事的材料，便料想他不是普通人。於是上前搭訕。那個人叫彭繼子，是被賣到一個大戶人家做奴僕的。晏子便決定把他贖出來。

晏子便帶著彭繼子驅車回到了齊國。

誰知當天晚上，彭繼子非常氣憤，說：「你還是把我放回去吧！」

晏子不明，彭繼子說：「我認為你是一個有修養的人才會跟隨你，在一開始回來齊國的路上，你讓我站著，我以為是你的疏忽。誰知回到你家裡了，你還是把我當成奴僕一樣。看來你並沒有真心地想要用我！如此，在此還是奴僕，不如回到原來的地方罷了！」晏子聽說，馬上賠禮道歉，並以禮相待。後來彭繼子成為了晏子門下最得意的門客。

可見老闆想讓有能力的人為你做事，還真需要花一番功夫的。

有能力的人往往比那些庸者更難纏，更需要你去應對，這也就是：用得了「奇人」，便成就了你的偉業！

如何得知別人喜歡你

讓別人喜歡是一件值得慶幸的事，那麼，如何得知別人喜歡你呢？

你可以從以下方面著手：

第一：喜歡你的人會見到你時怦然心跳，臉蛋也微紅，這便是所謂的一見鍾情；不喜歡你的人會視若無睹從你的身邊離開，縱使你是多麼心動，對方也不會有一次的回眸。

第二：喜歡你的人會時不時地偷看你，你的一顰一笑、一舉一動倒映在對方的腦海，他會關注你的所有。

第三：喜歡你的人會主動打電話或發訊息給你，在開玩笑的時候還會說一些曖昧的話語。不喜歡你的人則會對你視若無睹，縱使你是多麼熱情，對方也是冷冰冰。

第四：喜歡你的人會瞳孔放大，在你面前有時驚慌失措不知說什麼是好，他不會輕易談論你的是非。當別人說到你的好時，他會沾沾自喜；當別人說到你的不好時，他會為你辯駁。

第五：喜歡你的人並不一定時刻要和你聯繫，他經常會逛逛你的社群主頁，看看你的訊息，然後若無其事離開。一段時間之後，他又會再一次光顧你的世界。

第六：喜歡你的人會容忍與讚美你。不喜歡你的人則會百般挑剔，縱使你做得是多麼好，他總能找出你的毛病，指責你的過失。

第七：喜歡你的人會在你有困難的時候，主動幫助你，不喜歡你的人在你有困難的時候則會這樣想：他和我有什麼關係，我憑什麼要幫助他？

第八：喜歡你的人看你的眼神是特殊的，他經常會不由自主看著你，同時面露著微笑。當你轉臉看向她時，他卻故意把目光移開。不喜歡你的人縱使你長得多麼英俊、美麗，他也不會拿正眼看你。她會故意躲避你的目光，在看到你時顯得不自然。

第九：喜歡你的人會收藏你的作品，即便你的作品價值已不再，他也會好好地珍藏，留在心中是一段美好的回憶。

第十：喜歡你的人會稱呼你的小名，同時親暱給你取綽號，你總有一個綽號是他的專屬，他在叫到你的綽號時，總是笑眯眯看著你，而且一副滿不在乎的樣子。

第十一：喜歡你的人在遇到你時會躲避你，這種人往往是暗戀你，且他們的性格內向，那些外向喜歡你的人，往往像追星族一樣，會大膽讓你知道他喜歡你。

第十二：喜歡你的人會在你和異性聊天時感覺拘謹，她總會擔心你們是否是在一起了。

第十三：喜歡你的人會關心你的健康與否，當你生病的時候，他會比你還著急。

第十四：喜歡你的人會在你高興時高興，在你流淚的時候也黯然神傷。

第十五：喜歡你的人會在你面前，極力表現出色的他自己。他總想讓你看到他最優秀的一面，在你的心中留下他的良好的印象。不喜歡你的人則會我行我素，不會刻意在你面前約束他的行為。

第十六：喜歡你的人會在和親朋聚會時時不時提到你，他總會說到你的好處，讓別人發現你的優點，進而有可能也喜歡上你。

第十七：喜歡你的人會在用餐時點你喜歡吃的飯菜，即使不合他的胃口，他也會津津有味吃著。

第十八：喜歡你的人在你犯錯的時候，會冷靜處理，幫你度過這一艱難時期。

第十九：喜歡你的人是相信你是優秀的，所以你要自強。在你墮落的時候，是對他們的一種傷害。

第二十：喜歡你的人會不輕易說出對你的喜歡與愛，因為他知道這份情是需要責任的。

第二十一：喜歡你的人總會默默擔心著你，你的榮與辱都牽動著他的心。

第二十二：喜歡你的人如果也愛你，並想和你在一起，她會讓你注意到她。

第二十三：喜歡你的人如果也愛你，並感知不能和你在一起，她會在背後默默祝福著，希望你永遠幸福。

第二十四：喜歡你的人會記住你特殊的日子，例如生日，會在那天給你一個意外的驚喜。

第二十五：喜歡你的人不會把你和別人比較，所謂「情人眼裡出西施」，在別人心目中你的不好，他也覺得棒極了，且會不由自主稱許。

第二十六：喜歡你的人會在你傷害她時，借酒消愁，即使他之前曾來沒有沾過一滴酒，他會在醉酒的同時指責你。清醒過來的時候，就會當做什麼事情也沒有發生，依舊不會失去對你的喜歡與愛。

第二十七：喜歡你的人會在與你共同犯錯時，從他身上找出惹你生氣的理由，而且他有時候並不知道你為什麼生氣。

第二十八：喜歡你的人會在你背後悄悄流淚，在面對你時往往顯得很堅強。

第二十九：喜歡你的人會耐心聽你發洩，把他當做你的出氣筒，等事情過後，他才會嘗試開導你。

第三十：喜歡你的人會模仿你的行為，穿戴你喜愛的東西，說你經常說的話，看你愛看的書籍與電視劇。

第三十一：喜歡你的人會想了解你的內心，當你讓他感到莫名其妙之時，他往往會使得問題得到最根本的解決。

第三十二：喜歡你的人會在社交場合介紹你，會讓你擁有良好的人緣。

第三十三：喜歡你的會偶爾給你送一份小禮物，如果你不在乎這份禮物，把它隨便送別人的話，會很傷他的自尊。

第三十四：喜歡你的人會夢到你，在他的夢中你是那麼完美，他有時會一邊做夢一邊微笑。

第三十五：喜歡你的人某一天說不喜歡你後，其實是在賭氣，如果你不去道歉、化解，他可能會遠離你。但某一天，他又會再一次關注你。要知道，這種喜歡與愛不是短時間可以放下的，有的人甚至會一生說恨你，但其實心裡是喜歡與愛著你的。

第三十六：喜歡你的人總能抽出時間去看你。不喜歡你的人往往會食言，還以各種「忙」為藉口。

第三十七：喜歡你的人嘴巴不是很甜，但總能找到讓你開心的秘訣。

第三十八：喜歡你的人會裝得很正經，其實心靈很脆弱，有時候也渴望得到你的關懷。

第三十九：喜歡你的人在傷心時會流出失望的眼神，這時是渴望你去關愛他。

第四十：喜歡你的人會在聯繫不到你時如熱鍋上的螞蟻來回打轉，並情不自禁地給你發訊息、打電話，且不厭其煩。

第四十一：喜歡你的人會看到你時變得忙碌起來，其實他們平時很懶，也會在你前面獻殷勤。

第四十二：喜歡你的人如果一輩子和你沒有見面的機會，他會在心裡想像著最出色的你，而且把你描繪得那麼完美無瑕。當日後想起來的時候，總會嘴角露出笑容。即便你們一輩子不可能，他也可能一生把你懷念，在時光中去回味。

喜歡你的人還有很多表現，他總會不經意讓你感覺到他在喜歡你。對於這種喜歡你的人，我們要去呵護與關愛。當然，我們有時會討厭那些死纏爛打的人，只要順其自然就可以了。還有，對於那些不喜歡我們的人，我們沒有必要因為他們活得不快樂。就要在時間的洗禮中，讓彼此成為陌生人吧，你並沒有太多的精力浪費在與那些人的周旋。

多年之後，願你我活得最像自己！

知道自己能成為什麼樣子的人並為之努力，往往能達成所願！

我大學時，每個宿舍有四至七人，雖然我們科系相同，但每個人的志向都不一樣。我們宿舍的老大是希望將來能成為一個小老闆，所以短短的大學幾年，他總愛去各種跳蚤市場。那時候的他熱衷於做小買賣，雖然沒有賺很多錢，但十多年後的今天，他已經成為了一家印刷公司的總經理。他活成了自己想要的樣子！

我們宿舍的老二則更願意留在西安，所以在大學的幾年，他抓緊時間學習專業知識。十多年後的今天，他在西安定居了，有了自己的事業。

我們宿舍的老三當時只想談一場永不分手的戀愛，他去追求一名女生。兩人由陌生到熟悉，直至結婚生子。現在我們宿舍的老三獲得了圓滿的家庭。

我們宿舍的老四，和老二不同，老四是西安本地人，他只想順順利利地畢業，子承父業。現在十多年後的今天，老四在西安從事著父親的產業。

我們宿舍的老五，沒有什麼志向，整天泡網咖，只要以後不餓死就可以，後來他回到了江蘇徐州，有了一定的地位，既不怎麼富足，也不怎麼落後，夠用就好！

我們宿舍的老六，和老五同樣是江蘇人。老六家裡比較殷實，他上大學只是為了拿個文憑，畢業後回老家過正常人的生活。現在十多年後的今天，他在他的家鄉——江蘇鹽城有了一定的事業，而且有一個美滿的家庭。

作為老七的我，並不喜歡自己的科系，總夢想著能為人類留下寶貴的遺產。大學時的我，常常出入圖書館、自習室。時至十多年後的今天我在亞洲的一些國家或地區出版了多種題材的書籍，離自己的夢想——諾貝爾獎更進一步了。我也活成了自己想要的樣子，即便目前還是單身，即便可能永遠無法達成所願，也不會為自己的追求、自己想要的生活而悔恨。

多年後，會發生很多改變。我們當時的因會造成今天的果。

每個人的人生之路是不一樣的，不乞求和別人雷同，活得最像自己，可能是給我們最完美的答案。

我們不應在乎別人的眼光，心底要坦蕩。世界那麼大，你過你的、他過他的，沒有必要相互打擾。

多年後，願你我都能活出現在所希望的樣子，沒有必要和別人攀比。人這一生，不隨波逐流，即便目前坎坷也無妨！未來的道路還很漫長，我們要有追求想要生活的衝動。

別人只會提意見給你，不必讓別人規劃你以後的藍圖。無論是簡單，還是複雜的，固守自我很重要。

多年之後，時間會證明，由於你我現在的追求、會活成現在所想要的樣子！

為什麼活著的時候被迫害，死了後才被珍惜？

同一個人物，在不同的時代或地區，有的被唾棄，有的被尊崇……

最近在看《海子的詩》這本書。

說真實的，所選的一百六十多首短詩難有一首經典，讀起來實在是浪費時間。

也難怪，海子只活了二十五歲，從一九八四至一九八九年創作五年，留不下膾炙人口的作品也是情有可原。不過，出版該書的出版社作為大型的出版機構，其選書的眼光讓人大跌眼鏡。

有數以百萬計的人才華遠遠高於海子，可憐絕大多數的他們求告無門。他們出不起書，掙扎在愛與痛的邊緣。

為什麼海子會捷足先登呢？主要是因為他是已過世的人物。

海子活著的時候不盡如意，很少有人知他、懂他、了解他。愛情、事業的不順，得不到有效得解脫，他寧可選擇離開那個無情的世界。

人們都愛追念不幸離世的人物，對尚在人間的，難以擠出半點愛憐。

有不少人無家可歸，有不少人被迫害到異國他鄉，有不少人求生不能、求死不得……

天妒英才，除了英年早逝，很多人才一路坎坷，如但丁被流放，成就了他的巨著《神曲》；愛因斯坦到美國，才避開德國納粹的毒手，如今影響全世界。

人們常說，某個名人是他們老家的。出生在中亞碎葉城的李白，在中國四川江油竟有他的故里；一生流浪的盲詩人荷馬，有七個城市說是他的出生地。

若不是很多年之後，他推動了人類歷史的進程，他只會像瘟神一樣，連親人也可能躲之唯恐不及。

清代文學家蒲松齡去世於西元一七一五年，他生前「屢考不中」、家境貧困，他的一生精力所聚之書《聊齋志異》直到他辭世後的西元一七六六年才刊刻行世。

《聊齋志異》堪稱中國古典文學短篇小說的巔峰之作。蒲松齡以《聊齋志異》光耀史冊。

為什麼活著的時候被迫害，死了後被珍惜？

第一：活著的時候觸犯了當權者的利益，當權者為了坐穩江山，剷除異己。

第二：人死了後成就永遠定格，值得紀念。

第三：山不轉水轉，活著的時候是一個朝代，死了後多年是另一個朝代，兩個朝代推崇的理念不一樣。

第四：人們習慣對擁有的視若無睹，失去後才知道後悔。

雖然逝者為大，但世界最頂尖的獎項諾貝爾獎，只授給在世的人物。人們應該憐取眼前人！

今日你對對方百般凌辱，他日對方就有可能成為你的主人。

尊重對方，就是愛護將來的自己！

一個人變強的五種跡象！

還記得曾經年少輕狂的我們嗎？會因為受了一點委屈，就和父母、老師、同學對著幹。

那時候，我們會認為世界上的所有人都應該讓著我們。我們看是很陽光、很堅強，但是脆弱得不堪一擊！

若非經風雨，怎能見彩虹？

不知不覺我們已經是社會人士了，我們身上有著壓力，不能再像學生時那麼任性了。

一個人變強，有哪些跡象呢？

第一：接受自己曾經不齒的

年少的我們會這也看不慣、那也看不慣，對於不入我們眼的，我們總想除之而後快。但隨著年齡的增長，我們會發現，存在的即是合理的。

這時候，對那些曾經忍無可忍的，我們會持更包容的態度，從另一個角度看問題。我們有相當的容忍和耐性了，較之前也成長、成熟了！

年少的韓寒比較剛直，對自己不喜歡的，往往會批評。那時候的韓寒以自己辛辣的筆墨贏得了不少粉絲，韓寒也有著「現代魯迅」的稱號。隨著年齡的增長、經過了社會的磨礪，昔日狂傲的少年如今穩重多了，韓寒說：「活成了自己討厭的那個樣子！」

當我們不再為所欲為，敢於接受自己討厭的樣子，那說明我們在社會上被磨練得更剛強了。

第二：有責任感

有一個朋友，她從小是「小公主」，享受著茶來伸手飯來張口的舒適生活。她嫁人後，老公因為工作經常早出晚歸，她開始學做家事、學做飯。後來他們有了孩子。老公因為賺錢很忙、無暇顧及到她和孩子，她只好「既當爹又當媽」照顧孩子。

有句話叫「為母則強」。為什麼很多女人會在有了孩子之後從柔弱變得剛強呢？因為那一份責任感。

當我們漸漸明白，不再是一個人吃飽喝足、什麼都不愁，就說明我們是有擔當的人了。我們有了責任感，就不會得過且過，就算多付出，雖累也樂在其中！

第三：縮小圈子，做有意義的事

年少的我們有很多事情可以去做，例如，我們可以有很多愛好，可以對音樂、美術、舞蹈、文學或科學執著；我們可以和很多人交朋友，有兒時的夥伴、有同窗同學、有別人介紹的、有偶然遇到的。

那時候，我們可以很多都去嘗試。

當我們走了很多彎路，會發現很多是不值得的了。人生沒有太多的時間可以荒廢！我們會「精打細算」，朋友會選擇交心的，對象會選擇合得來的……

這說明我們懂了，我們會更加珍惜和合理利用接下來的日子。

第四：有獨立解決問題的能力

之前我們有父母、有老師，有其他人的幫助，看起來一切都順風順水。但人生之路到最後還是要一個人走的，我們跌倒了應該自己爬起來。靠天靠地不如靠自己！

當我們意識到自己是最堅強的依靠，就說明我們會更從容應對接下來的風風雨雨。

第五：明白健康的重要性

很多人為了工作很拼，但精神上萎靡不振、經常大病小病不斷是划不來的。

一個人變強會知道未來是自己的，最重要的是要有一個健康的體魄。

他們會經常鍛煉，將來擁有財富、名譽和成功時會好好抓牢；不然，健康不在，再多的美好也會化為烏有。

尋找人生下一站

那些在中國賺錢，拿到國外去花的，自然會說中國多麼美好；那些賺國外的錢在中國花掉的，說的又不一樣了。

我認識一個美籍華人，他畢業於UCLA（加州大學洛杉磯分校），他說他學校裡出了二十四位諾貝爾獎獲得者，他學校在全球排名前十幾名，「網際網路之父」溫特·瑟夫、YouTube 現任 CEO 蘇珊·沃西基等是他的校友。

他小時候生活在廈門，後移民到美國，他畢業後從事影視行業。他說中國的錢好賺，於是長年在中國工作。

他在北京有幾套房子，在洛杉磯有房子，在廈門有房子，在曼谷有房子……聽得我們心神蕩漾！

他年僅三十多歲，算是一個成功人士。

他起點高，又在中國風起雲湧，是我們這些農家的孩子望塵莫及的！

我們來自農村，可能注定我們一生不得志，尤其是我把目標定在了世界最高的獎項——諾貝爾獎。我從事著文學創作，很多人嘲笑我說，在中國，想拿諾貝爾獎是不可能的。

是啊，所以我的事業漸漸發展到了新加坡、臺灣、香港、泰國、日本等。

不過，那個美籍華人告訴我，在出版青黃不接的中國，要想成為世界文豪真的是痴人說夢。他建議我先人才移民到東南亞，等功德圓滿，再移民到美洲或歐洲。

男怕入錯行，更怕生活在錯誤的地方。我們貧農的孩子，一生要吃多少苦，一生要遭多少罪，才能有所建樹。

成功要趁早，我默默在中國奮鬥了二十多年還被處處阻撓，可能是我真的生活在了錯誤的地方。

因為人有旦夕禍福，說不定明天，我就被掐斷了生命，成為了共產黨所謂「長治久安」的墊腳石。

說到穩定，越是安逸越容易讓人消磨掉鬥志，越是隨遇而安，越容易讓個人作踐自己。

成長在南非的伊隆．馬斯克，後來意識到，如果要做出成就，就必須離開南非。他的夢想之地是美國，是矽谷。

伊隆．馬斯克的母親是在加拿大出生的，可以為其和子女申請加拿大國籍。由於從加拿大再去美國容易一些，伊隆．馬斯克就設計了一條先去加拿大再去美國的路徑。

他終於成了一名美國公民，對太陽能、火箭、電動車的研究幾乎都是靠自學。

他手握鉅額財富，成為了這個星球上最有權勢的那群人，被《紐約時報》評為「可能是世界上最成功、最重要的企業家」。

我決定把目光放在世界上，與世界為伍，才能更好造福全人類！

第八章：你又醒悟了什麼？

二十年目睹現狀

中國是世界上最黑暗的地區之一，所有的一切服從於政治，如果你不願意涉足政治，政治只會過來奴化你。

中國有十四億人口，僅僅共產黨員就有一億，多麼可怕的現象！

行走在中國，真的很擔心，因為你隨時都會被欺負。

你不能有自己的思想，不能有自己的判斷，你得是一個僵屍，才能算是一個良民！

十幾個共產黨員在追殺一個小女孩，理由是她作為一個華夏兒女，不為共產黨唱讚歌。

「站住！」一位共產黨員用槍射擊。

不巧，打在一位老嫗身上。老嫗倒在血泊之中。

他們視若無睹。「啪、啪、啪」一陣狂掃，無辜的人民成了他們的犧牲品。

一位共產黨員狡黠笑說：「這就是你們賤民的下場！」

另一邊，中共中央電視臺新聞聯播在播報：「領導特別忙，不是出國就是下鄉；全國人民處處歌舞昇平……」如此，不厭其煩，周而復始，多麼自欺欺人啊！

作為小老百姓，我們沒有選擇的權利。我們不去招惹他們，他們總會過來欺壓你，還美其名曰：為人民服務！

任何人都難逃共產黨的魔掌，你過你的、他過他的，不行！你必須要在共產黨的掌控之下，才是「識時務者為俊傑」。

他們總在詆毀發達資本主義國家，他們犯下的過錯需要十幾億平民去分擔。

他們封鎖一切不利於他們統治的消息，還說我們是成年人。對，我們是成年人，可我們有分辨對與錯的能力，我們不願意成為奴隸。

我們的思維是多麼發達，不讓我們創新，剝奪人民的自由，再堅強的人也會被搞瘋！

他們都如此霸道橫行了，我們不應該反抗嗎？

可是，放眼望去，愛國人士都被關押了起來，有的被秘密處死，有的皮開肉綻，有的衣帽不整、面容枯瘦……反正，不和共產黨站在同一條戰線上，一個比一個慘！

那些昧良心以愚弄人民為樂的反倒活得很安逸。

共產黨不喜歡美國干涉，卻喜歡把自己的意念強加於人民身上。

人民一個個像背著枷鎖、頭套緊箍咒，負重前行！

香港大學前校長說，如果沒有共產黨，中國從一九一一年開始，到如今，早就是個已開發國家，人民一個個活得有滋有味。不像現在，貧富懸殊天壤之別，處處是暴力鎮壓，人民負屈含冤、正義得不到伸張……

人死了後去了哪裡？

人的壽命有限，人死了後，是化為烏有？還是肉體、靈魂另有所附？

人死了後去了哪裡？佛教說去了西天，基督徒說去了天堂……但是，人死了之後到底去了哪裡？

美國的科學家研究顯示，人死了之後會以另一種形式出現在另一顆星球上。

當然這種觀點不是所有人都贊同的。不然在人悲痛、絕望的時候容易選擇死亡，不利於統治階級鞏固自己的地位。

人死了之後到底有沒有靈魂？唯心主義者、唯物主義者各執一詞，沒見過的說沒有、親身經歷的持懷疑態度。

西班牙有一位畫家，他「死」了十幾天後又「復活」了。

他根據自己的所見畫出了在陰間看到的一切。

那裡沒有陽光，沒有盡頭，一切都倒立著。

到底有沒有陰曹地府？到底有沒有天堂？無神論者、有神論者都會找到自己合理的對這種現象的解釋。

你信，它可能就有；你不信，它可能就不存在。

人鬼殊途，就像商星和參星一樣，彼此存在，但永遠難以相見。

我們不應該徹底否定別人的信仰，存在即是合理。

況且人類相對宇宙來說只是微不足道，今日被確立的，明日有可能被推翻，如此往復。

人對死亡有恐懼，會給去往之地設想很多。行善積德的上天堂，作惡多端的下地獄。

千百年來，人們也希望能和神明達成共識，修建了寺廟、教堂，祭祀先祖。

人們會對未知充滿好奇，不一葉障目，世界才會顯得斑斕多姿。

哪些是長久屬於你的？

天下熙熙，皆為利來；天下攘攘，皆為利往。

人們從出生到死亡，有很多生不帶來、死不帶走。活著，是為了什麼？

我曾經陪一位朋友去紅螺寺拜訪一位禪師。

這位朋友說：「我都三十歲了，我還沒有結婚，還沒有妻兒，還沒有存款，還沒有私家車，我感覺活著好失敗！」

禪師娓娓道來：「從一開始，你的妻兒就不屬於你，他們只是在茫茫人海中與你有一段緣分，等緣分盡了，自然會各奔東西。至於穿衣、吃食、住處、交通等，它們只是促成你活著的依據，無不可替代！失去了這一個，還有另一個。譬如：你這件衣服壞了，你可以扔掉，去換一件新的。」

「那什麼會伴隨我終身呢？」

禪師說：「你的肉體、你的理念、你的價值、你的信仰，會與你同在！」

我們都希望擁有很多，然而辛辛苦苦一輩子，為誰辛苦？

有一位老闆，他白手起家，身價上億，很多人在為他打工。他娶了一位貌美如花的嬌妻。

就在別人都羨慕他的同時，他卻因為心力交瘁猝死。他的妻子帶著鉅額遺產改嫁了司機。很多人開始嘲笑他說：「原來，他在為司機工作啊！」

可別忘了，王熙鳳多麼努力，到頭來得到了什麼呢？忽喇喇似大廈傾，一切都成了空！

青山依舊在，幾度夕陽紅。

並不是你越埋頭苦幹越會有成效，成功有捷徑。

法國文學史上最神秘的傳奇作家安東尼．聖修伯里在他的經典作品《小王子》（*Le Petit Prince*）中有這麼段話：「假如你發現一顆不屬於任何人的鑽石，那麼它就歸你所有；假如你發現一座不屬於任何人的島嶼，那麼它就歸你所有；假如你最先想到一個創意，並且註冊了專利，那麼它就歸你所有。」但要記得，這要分「公有制」和「私有制」，你所處的社會環境、所在的國家制度會決定該不該歸你所有，會決定是集體還是個人的，哪怕你首先得到！

其實並不是我們擁有的多才會幸福。減少胸中的欲望，反而會輕鬆、豁達；割捨不必要的掛念，反而會提升人格。

我現在非常後悔，臺灣的朋友當初讓我去臺灣我沒有去，我擔心親人。直到後來，我遭遇了不測，我才知道，所住的房子、所寫的稿子不屬於我，隨時會被共產黨毀滅。

想想人生剩不下多少時光了，該為自己而活了。才感慨之前好多年都為他人作嫁衣裳！

把生活過成自己想要的樣子是我們的渴望。

別人只是我們人生中的過客，只有我們善待自己才真正對得起自己。不過不是所謂的「寧可我負天下人，也不教天下人負我」，我們活著，應該為人類社會做出貢獻，去發明、去創造，留下精神、物質財富，它們的輝煌會延續你身體力行無法到達的。

歌德寫《浮士德》（*Faust*），讓後世記住了他，《浮士德》是屬於他的；邵逸夫把錢捐給了學校，北京大學的「逸夫樓」會讓人想起他，可以說「逸夫樓」是屬於邵逸夫的。

聰明的人會在身體死亡的同時，讓那些身外之物比如繪畫、書法等在萬古流芳中讓人感知他還活著。

為何不願意結婚？

人生有很多第一次，第一次上學、第一次工作、第一次買房、第一次結婚……好像只有這樣，人生才算圓滿。但每個人有每個人的活法，有的人希望平平庸庸長命百歲，有的人希望生命絢爛，哪怕短暫、年紀輕輕就戛然而止。

在農村，人們有一種想法：不孝有三，無後為大。於是，人們拚命地生孩子。

在延續香火的同時，小孩的教育、育兒則是新的難題。

現在的父母很捨得為子女花錢，卻很少想一想，自己想要什麼樣子的生命、自己能過什麼樣子的人生。

養兒未必能夠防老，且隨著科技的發展，子女的孝順對我們老年來說作用越來越淡薄。據報導，越是發達，生活水準越高的國家或地區，人們越願意選擇單身。

在世界頭號經濟強國美國，有百分之二十三的人終身不婚；在有四十七個國家的亞洲，僅有的四個已開發國家（日本、韓國、新加坡、以色列）中的日本，到五十歲仍單身的人中，男性占百分之二十五，女性占百分之十七；在已開發國家鱗次櫛比的歐洲，歐洲的大城市之中，單身的人數比例高達百分之五十五。

在發展中的中國，中國的一線城市北京、上海、廣州、深圳，不僅離婚率最高，而且剩男、剩女數不勝數。

為什麼人們會單身呢？

著名的馬斯洛需求層次理論，闡述了需要有五個結構層次：第一層是生理的需要；第二次是安全需要；第三層是歸屬與愛的需要；第四層是尊重的需要；第五層是自我實現的需要。人們的覺悟性越高，越在乎自身價值的實現。

中小學時，我在學校裡是一個受歡迎的人物，身邊不乏女孩子的喜愛與追求。不過，那時候以學業為重，老師、父母也多次告誡我：「不可早戀，學習第一！」

於是我耽誤了初戀。

後來大學畢業，我到大城市裡謀生，發現身邊三十、四十歲的單身人士比比皆是，更覺得結不結婚都沒有問題。

雖然父母會在電話那頭催促我，說鄰居的我堂弟的孩子都會孩子都要準備上學了，說我小學的同學已經有兩三個孩子了，但燕雀安知鴻鵠之志，生活在農村的人，結婚、生子可能是他們一生的必修課。他們終其一生，可能碌碌無為。

其實他們的人生可以更好。關鍵是一旦走進婚姻的圍城，容易為各種瑣碎煩擾，哪有時間和精力取實現自己的人生價值？

生活在大城市中奮鬥的人們，沒有被生活瑣事磨滅掉希望、磨滅掉熱情，他們也有孤獨、寂寞的時候，但他們已經學會了如何去排解心中的苦悶，如借助聊天工具和陌生人溝通、化解困惑。他們把更多的努力用在理想上，皇天不負苦心人，他們的人生會更有亮點。

不願意結婚並不是不具有責任感，只是想活出最好的自己罷了。

雁過留聲，人過留名。你有你的活法，他有他的活法，現在的社會已越來越不再為吃食擔憂，有更高追求的人選擇單身也合乎常理。

當然一個人不願意結婚，還有其他方面的因素：結不起婚，婚房、聘禮負擔不起；沒有遇到合適的對象，寧缺毋濫……

時至今日，我還是單身，與此同時，我弟弟已離婚、快二婚了，我哥哥已結婚數年有餘。

我不做與別人無意義的攀比，不在意別人的冷眼，我就是我，獨一無二的自我！

還記得一九九二年版臺灣電視劇《新白娘子傳奇》裡，許仙在姐姐許姣容引薦下學醫，當老師問他有沒有相中的女孩、應該成家時，他說應該先立業，還幻想著某一天有一位天仙美女、情投意合……果然，窮小子許仙和貌美如花、溫柔賢慧的白娘子結為了連理。

緣分該來時自會來，緣分未到，守身如玉最好！

為什麼有的人不願意買房？

現在社會，衡量一個人成功的標準，往往是：有車、有房、有存款。

尤其是當你老大不小了，如果你還沒有擁有車子、房子，你的父母會很著急的，他們總會不厭其煩地催你買房、買車。對於生活上並不是寬裕的我們，買房、買車真的是巨大無比的壓力啊！

如果沒有長輩們的幫忙，我們靠一個人單打獨鬥，是很難買得起像樣的房子、車子的。

尤其是房子，人總是需要一個安心居住又能代代相傳的地方。

的確，有的人買了房子之後升值了。他們幾年後把房子轉賣，遠遠地高於這幾年的薪水收入。「房地產」這一行業也很熱門！

但現實是，有的人擁有多棟房子，有的人卻連一棟也買不起。

對於那些沒有房子的，是他們的人生過得很失敗嗎？其實，有一些人不願意買房並過得很知足。他們為什麼不願意買房呢？

收入遠遠趕不上房價

可能你工作了很多年，也難以全款賣得上一套房子；可能你努力了一輩子，也難以住得上喜歡的房子。

於是更多人選擇了租房。

租房，不會像買的房子地址、位置是固定的。租房更適合喜歡換環境、換心情的人！

他今年打算在杭州發展，他就可以在杭州租房；他明年打算在深圳發展，他就可以在深圳租房；他後年打算在成都發展，他就可以在成都租房；他大後年打算在呼倫貝爾發展，他就可以在呼倫貝爾租房……

如果一個人過早就買了房子，看是讓人很羡慕，他能一輩子天天只住在那一棟房子裡嗎？誰能確保他不會換工作，他不會換新的住處？

對於買不起房子的人租房，往往少掉了這方面的顧慮。即便生活得不是世人所謂的成功，他們也自得其樂！

想買的買不起，看不上的又不願意去買

我有一些朋友在大城市中工作，不過，他們來自於農村。在大城市中買房真是難於上

青天！

他們說在大城市中適合工作，在小地方才安逸、適合生活。於是，很多朋友在大城市中奮鬥幾年就離開了，選擇在老家或某個小城市買房，然後結婚、生子，扎根在那裡。不過，仍有一些朋友不願意離開大城市，即便在大城市中過得很辛苦。他們認為在老家生活節奏慢，會讓人失去奮鬥的激情，他們寧願多奮鬥幾年，也不願意就此草草得求安穩、求安逸。他們更喜歡在大城市中闖蕩，即便闖蕩到最後有可能被無情拋棄，他們也覺得年輕時敢拼、活得也值得了。

年輕人不要過早選擇安逸，一旦你求穩定，你就可能失去了很多轉變命運的機會。只有我們不滿足現有，才可能爭取更好。追求過了，總比面臨未來的發展時，望而卻步的結果要理想！

房子太多了，未來的房價可能會大跌

現在的新房如雨後春筍般一棟又一棟冒出，一棟又一棟出現在人們的視線。對於好房子，人們在瘋狂地搶購。

於是乎，隨著人們購房的欲望增加，房價跟著節節攀升。當房子的數量供過於求，很多房子就難以賣出去，到時候房價會下降。

難怪很具有商業頭腦的企業家、慈善家馬雲能說出「未來房價如蔥」這樣的話！

天有不測風雲，人有旦夕禍福

很多年輕的朋友不願意買房，是不想成為「房奴」、連續還二、三十年的房貸，他們在追求自由自在的人生。

在有了一定的存款之後，他們並不是投資買房，而是趁年輕，去想去的地方，做想做的事。不然，以後就可能再也沒有機會了。況且天災人禍隨時有可能發生，與其把大好的時光全部傾注在房子上，不如珍惜接下來的日子、過想要的人生。

人的終極追求不同

現在的非洲，很多地方還相當落後。他們國家的人來到中國，會非常自豪炫耀他們家存了多少糧食。

這對我們來說，衣食豐足早已經不是我們首先面臨的問題，我們早已經解決溫飽上的問題了。對非洲朋友這樣的自鳴得意，我們往往會不齒。

同理，當我們擁有了幾棟房子，去已開發國家到處炫耀，他們往往也會鄙視。因為高度發展國家的年輕人，認為用房產、汽車來衡量一個人是否成功已經過時，他們更看重的是個人價值的實現，他們更希望自己能活得最像自己。房子對他們來說已經是次要的了！

很多年輕人不願意買房，可能和他們的價值觀有關。

人各有志，每個人所走的路是不一樣的。

擁有房子是不是必須，是不是成功的標誌，是因人而異的。我們做好自己就行，沒有必要和別人無休止地攀比。人比人，真的是氣死人！

擁有一套屬於自己的房子

衣食住行是人之所必須，但並不是你生來就擁有所想要，你需要為之付出和努力。

有人曾問我：「你最想要的十個願望是什麼？」我回答說：「第一，有吸引力，受人歡迎；第二，被周圍的每個人喜愛；第三，做自己喜歡做的事情；第四，達到精通和成功；第五，有屬於自己的信仰；第六，產生新思想；第七，有座藏有自己喜愛書的圖書館；第八，成為有名望的人；第九，在世界上最美的地方有座屬於自己的房子；第十，對人和事物沒有任何偏見。」那個人又問我：「你覺得哪個願望最容易實現？哪個願望又最難以實現？」我說：「擁有一棟屬於自己的房子，憑我目前的條件，我可以買一棟房子了，但不是在世界上最美的角落。為什麼擁有一棟屬於自己的房子又是最難的呢？因為我想讓風進、讓雨進，但不歡迎心懷鬼胎的不速之客。」

這些年，我一直過著顛沛流離的生活，好不容易租了一間滿意的房子，房東卻像防賊似的不知哪一天就會敲門而入。房東會不停打電話騷擾，更糟糕的是房東有你所租房子的鑰匙，在你不知情的情況下有可能破門而入。

天啊，我們安安分分生活，不影響他人，不做非法的勾當，房東憑什麼隨時查看我們的房子？還美其名曰燈泡壞了、該交水費了等等一些冠冕堂皇的理由。

房子是一個人的私密空間，買下來或者租下了就應該屬於我們，他人不應該橫加干涉。可是，總有人會不經過我們允許，像逛超市似的在我們家裡進進出出。這一點確實讓人很心煩！

我們的房子是我們安身立命的場所，但並不完全在我們手裡，有人掌控著我們的水和電，有人掌控著我們的網路，更有甚者，不知哪一天房子就丟了，房子被沒收、被拍賣了。

所以，對於住房，我一直是提心吊膽。我想擁有屬於自己的獨立空間，不期望別人擅自闖入。

一些上流人士喜歡到資本主義國家去買房，那裡的房產期、土地是永久性的，他們能活得更像主人。

在世界上最美的地方，我想擁有一套屬於自己的房子，有陽光普照，有空氣清鮮，在夢想之都的巴黎、在浪漫的代名詞夏威夷、在流轉白色旋律的卡薩布蘭卡、在抓住時間腳步的馬爾地夫、在水光山色兩相宜的西湖、在鳥兒的天堂納庫魯湖、在海上長城大堡礁、在草原之帆吉力馬札羅山、在世界盡頭的冷酷仙境冰島、在飛騰的蛟龍安赫爾瀑布、在沙漠中的玫瑰之夢佩特拉、在基督徒的至聖天堂聖彼得大教堂……可是世界這麼大，竟然沒有一處真正屬於我。我們只是客，一個遊客！

為了生存，人這一生有一些美景注定要錯過。

可能它們本來就不屬於我們，如名勝古跡、自然奇觀、魅力小鎮、度假天堂，我們渴望所擁有，這是人之常情。但地球很美，宇宙更美，我們應該控制自己的欲望。有一棟房子，事業、家庭可觀就不為錯。

如果我們試圖操控所有，會容易殫精竭慮，失落了大地也失落了天空！

美女們的歸宿是什麼樣的？

中國是這樣對美女下定義的，即：容貌美麗的女子。他們認為美女有幾種類型，第一種是成熟風韻型，這一類女子大多智慧超凡，在事業上有所成就；第二種是俊秀俊美型，這一類女子嬌柔、幹練，又神采奕奕；第三種是古典如水型，這一類女子笑如牡丹臨風、哭則海棠帶露，多一分則肥、少一分則瘦，可以說她們完美無瑕，大多不可能在現實中出現，多數出現在畫中、夢裡；第四種是豔美如花型，這一類女子傾城傾國、國色天香，又那麼純潔，引人注目，豈是一個「美」字了得；第五種是可愛型，這一類女子平易近人，像鄰家小妹一樣，幾乎隨處可見，她們也單純無邪，讓人恨不得去呵護。

中國也是歷史上盛產美女最多的國家之一。在中國古代，有「四大美女」，她們是沉魚之西施，落雁之王昭君，閉月之貂蟬，羞花之楊玉環。

這「四大美女」可以說是中國古代美女的代表者，她們或多或少地影響了當時的社會。她們也是美女中的佼佼者，這「四大美女」有著怎樣的歸宿呢？

第一：西施

西施是中國春秋時期的一位美人，在越國和吳國的爭戰中發揮重要的作用。後來吳國滅亡之後，大部分史冊認為西施從此隨同道商鼻祖范蠡泛舟太湖，不知所終。

第二：王昭君

王昭君出生在漢朝，在匈奴和親的過程中是一位完美的使者。她出塞邊外嫁給了呼韓邪單于，但是三年之後，呼韓邪單于去世了，按照匈奴人的風俗，王昭君嫁給呼韓邪單于的長子復株累若鞮單于。王昭君在第一個丈夫去世之後曾經向漢朝朝廷求歸，但是未能得償所願，因此可以說在她接下來的日子是不幸福的，以至於最後她在幽怨淒清絕望中死去。

第三：貂蟬

貂蟬可以說是三國爭霸時期的犧牲品，她出身於王允的歌女，卻要送秋波於呂布、報嫵媚於董卓。

在當時的亂世之中，呂布死後，貂蟬便不知何去何從。

第四：楊玉環

楊玉環是唐玄宗李隆基的貴妃，她也享受了一些美滿的日子，杜牧描繪她受寵的日子：

「一騎紅塵妃子笑，無人知是荔枝來。」看來，她當時真的是享受到了集萬千寵愛於一身。

只是這位大美人，後來在安史之亂中，有人說被唐玄宗賜死於馬嵬驛；也有人說死在馬嵬驛的並不是楊玉環，她以道姑的打扮不知所終；也有人說，楊玉環東渡到了日本。

看來，「四大美女」的結局多數是不好的。

美女不同於普通的女子，尤其是她在受萬人矚目之後，更需要有一個不同凡響的人生。

稍不留神，美女們就會輸得很慘。

而古往今來，無論是哪一個女人也都想活得灑脫、無悔。

在現今社會，美女們會透過各種途徑讓別人認識她們。但「好花不常開」，時光會讓她們漸漸老去容顏。她們不從內心上修煉，是難以有好的歸宿的。

青燈古佛，天倫之樂，哪一個是你的歸宿？

我們都想有一個好的歸宿，但人有悲歡離合，誰也捉摸不透！

無論是什麼樣子的人生，只要最終是自己的選擇，就不會留下太多荒唐與後悔！

在一些有關古代的作品中，很多人看淡了紅塵，會遁入佛門，從此以後清心寡欲，不再理凡塵俗世。

這些人便有可能一個人孤單過活，不過他們並不會做到六根清淨，當聽說他們最愛的人離世時，當聽說他們關心的人出現意外的狀況時，他們的心中也會有所顫動。是什麼，讓他們最終要遠離芸芸眾生，甘願陪著青燈古佛，每天誦佛念經，無非是他們在俗世中過得並不怎麼樣。他們能放下一切嗎？

對於那些想要遁入佛門的人來說，他們還可能記掛著某些人，又有可能「迷途知返」。

有一個其貌不揚的女孩，她到了結婚的年齡，可是因為相貌醜陋，遲遲嫁不出去。她成為「嫁不出去的人」，遭到周圍人的嘲笑！

好在她的父親很疼她，開導她很多。但是姻緣是捉摸不透的。在他們居住的小城鎮裡，有個回來的海歸年輕人，偏偏對她感興趣，在別人匪夷所思的目光中，他們墜入了愛河。

不過幾個月後，這個年輕人說要到日本去處理一項事業，七日內就回來。她便信以為真！

但是，她等了十日，他也杳無信訊。周圍的人都說她再一次被拋棄了。

看到別人鄙視的目光，她的心支離破碎，沒想到每一次用情都傷得那麼深。

她哭了很久，痛定思痛，決定要出家。雖然她的父親老淚縱橫得挽留她，但是她心意已決。

可能是她和那個年輕人的緣分還沒有盡，就在她決定剃度的時候，她聽到了年輕人喊她的聲音，她以為是幻覺，但她下意識回頭，看到那個年輕人正急匆匆趕來。

她忍不住眼淚濟然，可是她還是說：「施主，你回去吧，我如今已是佛門弟子，和你再無俗塵的瓜葛！」

他痛哭流涕得說：「我終於明白了，我最愛的人是妳，跟我回去吧，我要娶妳！」

準備剃度的師太說：「妳還有一些紅塵往事沒有了卻，阿彌陀佛！」說完，拂袖而去。

她想祈求，但看到她愛的他，那渴望的眼神，問：「你還會騙我嗎？還會離開我不再回來嗎？」

他說：「不敢了！」

這個女孩哭了，在父親和他人的勸說下，被他拉著走出了尼姑庵。

她終於幸福結婚了，感動了很多人。

這個女孩走了「回頭路」，天倫之樂是她的歸宿。當然她也可以選擇「去除三千煩惱絲，從此無牽掛」，但這樣她就永遠失去了愛情，親情也可能寡淡了。

不到必要的時候，我們不必一個人孤苦過活，我們要感謝、珍惜身邊的人。一旦你遠離了他們，就可能再也不會見到他們了。

那些最終選擇出家的人，當某一天他們修身養性的閒情被打破，又是什麼狀況呢？

有一位皇帝，四十多歲便看破了紅塵，把皇位讓給了他的兒子，來到青山古佛潛修。

後來，他的兒子被其他的臣子排擠，跑到佛廟向他傾訴，雖然他不認兒子，也不願再理紅塵往事。但聽到兒子的遭遇，心中還是一陣餘痛。不過，他仍是面無表情、斬釘截鐵把兒子趕走了。

他的兒子回去後，他便每天為兒子祈福，希望兒子能夠穩固江山，成為人人愛戴的君主。

這一份親情便難以割捨！

人們也說，「母子連心」，那些最終在佛門之下懺悔、修行的人，一定還會有一個人讓他為之記掛著。

無論是親情上、愛情上，還是事業上，其他方面上的，你是選擇最後一個人面對著孤燈，還是選擇人丁興旺，有子孫、伴侶陪著說笑？

一切的一切都會最終成為泡影，你的歸宿在於你的選擇。

無論你有什麼樣的選擇，都會為你加油，但要記住，你要無悔！

你打拚的城市，決定你的運氣

一方水土養一方人，近朱者赤，近墨者黑，我們到什麼地方就可能成為什麼樣子的人！在你外出旅遊的時候，很多朋友會建議你一定要尊重當地的風俗，於是你要收斂自己的秉性，變得像另外的一個人！

你去不同的場合，會有不同的體驗，耳濡目染。很多時候，你曾經不齒的，反而會讓你因為那件事而驕傲、自豪！我們終將成為我們討厭的人！

隨著年齡的增長，隨著閱歷的提升，我們變了——我們會嘲笑曾經的自己，也會對過去的諸多不如意捶胸頓足，如果早知那樣，我就是一個百萬富翁了，早知我那樣，就不會像現在這麼淒苦了！

人都喜歡為自己找藉口，如果你的基礎不是多麼好，你當然會希望離開你現在的地方，去尋找新的發展機會！

人啊，改變外部環境很難，但可以去尋找和自己心靈相適應的氛圍。世界這麼大，很想去看看，此處不留人，自有留人處。你看上的城市不一定會接納你，例如：語言上無法溝通，生活習性上有很大隔閡，你達不到那座城市滿意的程度！你就危險了，可能被「遣返」。

很多人寧願在大城市裡過著不如意的生活，也不願意回到原先的地方。為什麼呢？那裡會失去奮鬥的激情，結個婚，生個子……一轉眼，這一輩子就沒了！

很多人寧願在外漂泊，也不想淪為平庸，他們沒有富二代優越的先天條件，也可能沒有妄想成為土豪，他們只想碰碰運氣！

每一份堅持都會遭到別人的非議，「你這樣是不對的！」「子承父業，你必須老實待在老爸身邊，不然偌大的家業誰來繼承啊！」「孩子，不聽老人言，吃虧在眼前！」……每一個建議的出發點都是好的！壞的就是在我們這裡行不通。

按照別人的意願，我們會心不甘情不願，所以，我們會很希望、很希望，來到自己所嚮往的城市！

我們為什麼會選擇那座城市，可能是因為我們認為，只有在那裡我們才能成為我們想要成為的人。

夢想當明星的，好萊塢、寶萊塢、香港、橫店人才薈萃，如果能在好萊塢、寶萊塢、香港大顯身手，一定會在影視圈赫赫有名。

夢想拿茅盾獎的，一定要常到北京走走，不光有作品，還要和作家協會的人關係好！

夢想福利好、生活環境一流、子女教育還是上等，且又是在亞洲，新加坡是他們理想的好地方。

人永遠不會滿足，本來已經很好了，總會想著更好，越成功的人也會因此越努力！

我們很少見到，在非洲貧瘠的村莊，出現很多偉大的科學家。科學家需要搖籃！每一個地方都是培育不同人的基地。

物以類聚，人以群分，你想要成為什麼樣子的人，就要和那樣子的人混合在一起！

你可以少奮鬥，身邊的良師益友會讓你快馬加鞭；你會得償所願，當然得捨棄你原先不如意的城市！

你選擇的城市決定著你未來的命運，當然前提是你得融入那座城市。

在你想要的城市裡，隨處都有你想要的機會。你不成才誰成才？

中國歷代王朝的九個發展規律，你都記住了嗎？

中國和古巴比倫、古埃及、古印度並稱為「四大文明古國」。在中國優秀的、源遠流長的歷史長河中，人們摸索出了一些歷史上的發展規律。

第一：天下之事，分合交替，分久必合，合久必分

從中國第一個王朝夏朝，到商朝、西周基本是統一的，但到了東周，出現了兩代：春秋與戰國，形成了亂世，後來於秦朝的時候統一了，到了兩漢之後，又出現了三國魏晉南北朝的分裂，隋朝統一了這一割據，到唐朝之後又出現了五代十國，與宋、遼、金、西夏的並立，元朝統一了這一局面。清朝末年，天下又出現了大亂，現在基本得到了統一。

第二：勝者王侯敗者賊

在敵對雙方進行爭霸的時候，歷史偏愛為勝利者唱讚歌，對於那個敗退者歷史可能只會嘲笑或者清淡描寫、不詳實的記述。

第三：地域環境左右命運，西強東弱，北強南弱

中國的地理環境是東低西高，什麼樣的環境養什麼樣的人。東邊的平原因水土肥沃養成了人們安於「你耕田來我織布」的平淡生活；西邊的高原、丘陵因氣候惡劣養成了人們不安於目前、總想要去開拓一片新天地的進取精神。

東邊人富足，西邊人貧窮；東邊人性格比較內斂，西邊人性格偏向剛烈。於是歷來的諸多演義和爭鋒都往往首先出現在西邊。

西邊容易動亂，西邊也「易守難攻」、最容易固守位置。歷史上最著名的古都「西安」就出現在西邊。

另外，中國歷史上，北方出現了一些強大的民族，如匈奴族、突厥族、蒙古族、滿族等，這些少數民族以迅雷不及掩耳之勢曾經威震了當時的社會。

也難怪在中國歷史上，多數是北方民族侵略南方民族。

強者有決定權，弱者往往要在強者前面俯首稱臣。

第四：應對挑戰，融合民族

在歷史上，文明要應對外來的挑戰，有的民族被外來者殺光了，文明就消亡了。中國文明卻是連續不斷，這在世界上是唯一的！

當遭遇外族的入侵，中國歷代王朝有一個很特殊的現象，那就是華夏民族能把他們融合、同化。

中華民族很難被征服，即使有時腐化、衰退了，但後來融合其他的民族又壯大了。如此往復！

第五：朝代之初，君強臣弱；朝代之中，君強臣強；朝代之末，君弱臣強

在一個王朝開始時，往往會出現一個開明的君主，他就像「新官上任三把火」一樣，必須要能拿捏住氣場，這樣才會讓四海歸順；當到了一個王朝中期的時候，這時候大臣們也不甘示弱，於是，也表現了他們強的一面；當一個王朝即將滅亡的時候，這時候國中的君主就不是最強勢的了，他有可能被別人所挾制，挾天子以令諸侯，結果他就可能成為傀儡，在別人覺得他沒有價值之後，就會把他趕下歷史的舞臺。

第六：矯枉總是過正，其實過猶不及

每個王朝崇尚的都是不一樣的，在那個王朝它會有相應的衰落和繁榮。如果得到推崇，它會出現好的景象；如果遭到竭力遏制，可想它的前景不是多麼樂觀。

第七：單以武治，剛且易折；單以文治，軟弱可欺；文武結合，剛柔兼濟，方能長治久安

如果一個王朝只知道崇尚「武」，那麼這個王朝看起來氣勢磅礴，只是沒有謀略，會讓有頭腦的人想辦法打敗的；如果一個王朝只知道崇尚「文」，那麼這個王朝常常會欺軟怕硬，當別人攻打他們的時候，他們也是紙上談兵，會讓別人不攻自破；如果一個王朝文武兼併，那麼這個王朝就可能既不會被別人欺負，又會出現盛世的場面，這個王朝也會長治久安。

第八：內憂小人干政，中憂官場腐敗，外憂民族矛盾

中國歷代王朝的更替，無不和內憂、中憂、外憂有必然的聯繫，如果三者都齊全了，那麼這個王朝離覆滅就不遠了，如果這個王朝能良好處理這「三憂」，那麼它有可能歷史持續時間更為長久。

第九，生於憂患，死於安樂

如果一個王朝有憂患意識，時刻反省，那麼這個王朝就會強大；如果一個王朝安逸了，那麼這個王朝就會沉浸在享受之中，當某一天敵人把刀子架在脖子上的時候，才知道後悔晚矣！

你真的懂父愛嗎？爸爸要看的教子祕訣！

父愛、母愛是我們從小到大常常接觸的兩種愛，本文主要講述父愛！

前一段時間，大學的一位同學離婚了。這位同學，平時工作在外，疏於對女兒的照顧。女兒今年五歲，還沒開始上小學。

在離婚時，他依然要求肩負起對女兒的撫養權。法院最終把女兒判給了他！

這位大學同學很著急，本以為會像前妻在撫養女兒時輕而易舉，結果處處為難啊！

他向我諮詢意見，到底他能不能撫養女兒？撫養女兒的過程中應注意哪些？

恰巧我有一位朋友，她是兒童心理發展、育兒的講師，對此頗有研究，在業界還算知名。我和她聊了很久！

其實孩子最需要的不僅僅是母愛，在母愛匱乏的情況下，父愛會撐起孩子的一片天！

我的小姪子就是此種情況，在父愛單親家庭的培育下，越來越顯示著自信、自立、自強……

小姪子的爸爸是如何做到的？我們談了知心話，感悟頗多！

哪一種愛最偉大？

這個世界上最偉大的愛是什麼？

有人說是母愛。母親的愛是最無私的，從我們出生的那天起，就備受母愛的滋潤和關懷，很少有人會在沒有母愛的情況下健康、快樂地長大。母愛有時又是很神聖的，綿綿如和風細雨，母愛的美以溫柔著稱！

有人說朋友之間的友愛最偉大。這一份友情建立在相互信任、支持與理解等基礎上，友情更多是一種責任和擔當，傳達的是一種「有福同享，有難同當」的精神。

有人說情侶兩性之間的愛情最偉大，但愛情是人類的一種情感，往往是兩個人之間的事情，以包容、幸福等寓意形式出現。愛情更多是人類對異性的一種追求，在兩個人和多個人之間交換情愫。

到底哪一種愛才是最偉大的呢？

目前，全球最多人認可的最偉大的愛是父愛！

這很可能出乎你的意料之外，為什麼父愛是最偉大的愛呢？

父愛不同於母愛，它不像母愛溫柔、細膩，更多時候，父愛代表的是獨立、自強、自信、成功……

千萬別忽略了孩子本該擁有的父愛！每一個有孩子的男人，都不應該把全部的重點放在工作和事業上。

如果一個父親錯過了孩子的童年，將很難與孩子再建立親密關係，研究顯示，此種情況下的孩子容易迷失方向、誤入歧途！

父愛對孩子的影響不可或缺，尤其是在孩子成長的關鍵階段，即上小學的前兩年和上小學的時間段內，父愛可以說左右和改變著孩子。

爸爸給女兒的信

全天下的父親縱使有滿滿的父愛，也難以陪孩子感動一生！

下面的這個故事，主角是一位年輕的父親。他觸犯了法律，即將被關押。在臨走之前，他最想看的就是女兒。女兒今年七歲，對爸爸即將被關進監獄懵懂未知。這位年輕的父親滿懷熱情給女兒寫了一封信，希望女兒能等到九年後他出獄的時候。

爸爸的乖女兒：

妳現在一定在找爸爸吧！以前爸爸跟妳玩捉迷藏的時候，妳很快就能找到我。但是這一次不一樣了，爸爸找了一個非常隱蔽的地方，所以爸爸要一直躲著。爸爸這一次一定會藏到最後，都不會出來，這樣就不會輸給妳了！

妳現在先不要找爸爸了，等到再過幾年，也就是妳過完十六歲生日的時候，妳再問爸爸，爸爸到底躲在什麼地方，這是遊戲規則，妳一定要遵守啊！要不然輸的就是妳了！

爸爸為了不輸給妳，決定不跑出來，爸爸也一定會堅持到底的。

如果妳找不到爸爸，快撐不住的時候，聽聽上次我們在公園裡爸爸的那段錄音，妳會覺得彷彿爸爸就在妳的身邊！

乖女兒，爸爸會在妳睡覺的時候，悄悄去看妳。所以，妳要聽話，聽媽媽的話，這樣爸爸在每一次去看妳的時候，才會給妳帶禮物。

不要老是問妳的媽媽爸爸躲到哪裡了，爸爸其實就在妳身邊，正看著妳成長呢！

親愛的好女兒，爸爸的乖女兒，爸爸不得不和妳玩這一次躲貓貓遊戲。如果妳的爺爺奶奶想爸爸，要記得安慰他們，爸爸正在和妳玩捉迷藏呢！

如果到最後妳勝利了，爸爸一定會滿足妳的任何三個願望。

從現在開始比賽開始了，我們看看到底誰更厲害！

——永遠愛妳的爸爸

一位讀者朋友在看完這個故事之後，她發了一封電子郵件給我，郵件正文中有這樣的一句話：「文中的這個小女孩將來一定會成為有愛心、獨立、在社會上廣受歡迎與尊重的成功女士！」我問她領悟從何而來，她說她的爸爸就是這樣的父親，她小時候就類似文中的那個小女孩。

父親不忘牽掛著孩子

父親對孩子的愛，如果細細地品味，那自然會感動到心坎裡！

曾經有一個「拋妻棄子」的父親，決然離開時，那真的是「風蕭蕭兮易水寒，壯士一去兮不復還」。

兒子小時候骨子裡雖然恨著父親，但在他長大後，幾經波折，來到了父親正在舉辦的一場雕塑展，這場雕塑展可以說是父親的全部。

兒子一開始還想要當眾揭露父親的醜陋行徑，但看著父親推著一個坐在輪椅上的老奶奶，他希望藉由舉辦雕塑展賣出的錢來給那位老奶奶做最後的手術。

原來，那位老奶奶正是父親的生母，也就是自己從來沒有見過面的親奶奶，父親離家時是經過多麼大的內心掙扎，才毅然決定捨棄妻兒，陪母親走完最後一程。

不久後，父親的母親離世，父親也帶著複雜的心情，創作了一件鬼斧神工的雕塑作品，這件雕塑作品拍賣了五百萬元，父親在遺囑中把全部的財產都留給了兒子，自己則要求葬在妻子的墳墓旁。

父親自知時日不多，最後牽掛的仍是存活在世上的唯一親人——兒子！

你是一個合格的父親嗎？

好父親是不會置子女於不顧的，他懂得如何把自己一生的最好留給子女！父親該帶什麼給子女？稱職的父親不會對子女放任，更不會對子女溺愛過度。好父親有自己的一套特立獨行的教育方式：

他們會與孩子保持溝通。

他們會抽出時間與孩子玩耍。

他們會找到孩子的天賦並全力培養。

他們會幫助孩子養成優秀的品格。

擁有好父親的大人物

父親會成就孩子也會毀了孩子，如果你細心留意，不少有名的人物都有一個做好榜樣的父親！

林徽因的才華與美貌是舉世公認，而這位佳人最終選擇的伴侶是梁思成，而不是才高八斗，追求她的徐志摩、終生未娶為她守護的「中國哲學界第一人」金岳霖，這是為什麼呢？林徽因的丈夫梁思成是中國建築教育家、建築學家，梁思成的父親梁啟超因參與「公車上書」、反對袁世凱稱帝、宣導近代文學運動等在近代史上鼎鼎大名！

梁啟超在教育子女們時，要求孩子們要掌握求學問、做學問的方法：「猛火燉」和「慢火燉」交替使用。這在潛移默化中使得梁思成養成了「張弛有度」的好品格，與爭強好勝、疾惡如仇的林徽因互為彌補、終成伉儷！

達文西剛上小學時對繪畫最感興趣，他的老師認為達文西不好好讀書，還特別向達文西的父親打小報告，誰知達文西的父親聽說後，決定培養兒子這一方面的才能，後來還送達文西到著名的畫家委羅基奧那裡學習畫畫。

達文西的父親「充分發展了孩子的興趣」，使得達文西「術業有專攻」，最終成為了歐洲文藝復興時期的代表人物之一，影響了人類歷史五百多年！

泰戈爾小時候，他爸爸教會了他感恩，使得他後來的作品《吉檀迦利》（*Gitanjali*）中充滿了讚頌的情懷，這對於這部作品榮獲一九一三年諾貝爾文學獎有很大貢獻。

雷根小時候用球打碎了鄰居家的玻璃，父親借給他錢賠償鄰居，而雷根要如期把錢還給父親。這使得雷根終身具有責任感，在他成為美國總統之後，贏得了更多支持。

第八章 ：　你又醒悟了什麼？

第九章：枯燥的日子裡，有最美的意外

難得靜默好時光

「非淡泊無以明志，非寧靜無以致遠。」在靜中，會讓我們認識自己，知道自己從哪裡來、到哪裡去。

很多人羨慕我作品眾多，卻不知道，我失去了正常人本該擁有的熱鬧、快樂。我長時間居於一室，沒有人打擾，好像與這個世界格格不入。

有人說我不食人間煙火，人世間的繁華與紛擾都與我無關，除了創作，其他的我可以說是一竅不通。

當然我遭到了別人的嘲諷。我曾經自暴自棄。但二〇一八至二〇二一年，幾次差一點丟掉性命，讓我痛定思痛，萬一我不幸死去，還好曾經為這個世界留下美好，那些美好是我用悲苦換來的！

多年之後，這個世界是否還記得你？

沉醉於享受，只會在紙醉金迷中墮落。少年不識愁滋味，愛上層樓；如今識得愁滋味，欲說還休。

當我們老了，頭髮白了，才深知人生不可以重來。

好好地考慮一下自己的將來，午後一杯咖啡，暖暖的陽光，沒有噪雜，何嘗不是理想的工作狀態？

當年釋迦摩尼在菩提樹下靜思，終於悟得佛法。《紅樓夢》是古典小說的巔峰，得益於它的作者曹雪芹生活在北京西郊的偏遠的角落，能靜下心來，批閱十載。

人最高的境界往往產生於寂靜。讓世人記得你，記得你曾經來過，你需要心止如水、創造價值，因為意外和驚喜你不知道哪一個會提前降臨！

所謂的幸福

很多人對自己的處境不滿意，認為別人比自己幸福，卻不知道在追求與別人一樣的幸福的同時，離幸福越來越遠。

很多人總以為只有苦沒有樂，卻沒有想過什麼適合自己。每個人都有自己的個性和習慣，每個人都喜歡不同的生活方式，所以請想想什麼適合自己！

幸福無法歸於同一個答案，因為每個人看待事物的角度不同，對幸福的理解也就不同。

想要得到幸福就必須珍惜所擁有的，不過，很多人不珍惜自己的擁有，對別人的東西卻視若珍寶。在他們看來，得不到的就是最好的，且隨著貪婪的目光移動、暈頭轉向、跟著人家跑，最終喪失了自己的珍貴東西！

每個人都是獨一無二的，每個人的幸福都是不一樣的，所以不應該拿別人的幸福做參照。

別人的幸福未必是自己想要的，放棄了自我去追求別人的，就會偏離了自己的人生軌跡。

幸福雖然沒有一個統一標準，但幸福始終根植在每個人的心間。如果你能珍惜身邊的人和物，幸福就會降臨。

幸福，不一定要豪宅盛宴，粗茶淡飯就好。

幸福，不一定要喧囂圍繞，心平氣和就好。

幸福，不一定要叱吒風雲，父母康健、兒女承歡膝下就好。

平平淡淡才是真，簡簡單單才是福！

枯樹開花

在唐朝時候，有一位考生遠離了母親，去京城長安應考。可是這一去他並沒有回來。鄰居說這位考生高中了，娶了位富家的千金，拋棄了老母親。

他的老母親很失望，迫於生存、行動的無奈，她只好艱難活著，也在希求著兒子能夠早一點回來。可能正如鄰里所言，這位老母親盼得頭髮都變白了，他的兒子還是杳無信訊。

有一位鄰里平時和她的關係不錯，便毫無怨言照顧她，這位鄰里說：「妳的兒子已經不要你了，不要對他存有奢望。」

可是，這位老母親淚眼潸然說：「我不認為兒子會拋棄我，我可是他的親娘啊！」

鄰里說：「聽說那個富家千金愛慕虛榮，她要是知道有你這麼一個貧困的婆婆，她一定會給你兒子難堪，和他鬧離婚的。到時候，你兒子在京城失去了靠山，步履維艱啊！」

「可是我認為兒子不回來接母親一定還有其他的難處啊！我有時候真的懷疑，是否真的是他沒有良心，為了自己的利益連自己的親娘也不要了。」

這位老母親費猜疑，但遲遲不見她的兒子回來。

有一天冬天，這位老母親因為思慮過重，病倒在了床上。她幾天茶水不思，鄰里都認為她活著沒有指望了。

但是忽然有一天這位老母親坐立了起來，淚眼滿面說：「我昨夜夢見家裡東牆角的枯樹開花了，我想兒子應該快要回來了。我必須要身體好起來，不然會傷兒子的心。」

有細心的鄰里去東牆角查看了一番，果然發現在積雪之下，露出了幾簇絢麗的花枝。

村裡的人都認為這是奇跡，老母親的病也漸漸好了。

到了春天，她的兒子終於回來了，不過，他的兒子已經休掉了那位「勢利眼」的妻子，請辭來到家鄉做一個小縣官，聖上答應了。

他便能在接下來好好盡孝道。

在東方的一些故事中，如果枯樹開花了，這是一種美好的象徵。只是這種機會微乎其微！但說不定就是這千萬分之一的機會，偏偏讓你遇上了。

我們便要在困頓之中也要想著美好的事情，說不定真的會出現奇跡。

把打拚留給懂的人

士為知己者死，女為悅己者容。

成名在上海的張愛玲，後移居到香港、美國，但她於一九九五年逝世後，版權留給了臺灣的皇冠出版社，而不是她長久生活的地方、她身邊的人。

十幾年前，皇冠出版社曾一紙訴狀告倒了中國的十二家出版社，給那些不尊重張愛玲遺願的人好好上了一堂課。

張愛玲是有先見之明的，作為作家，她寧可把作品的版權留給文化繁榮的臺灣，也不願意留給有可能敗壞、氾濫她作品的她的故里——上海，她最後的安息地——洛杉磯。

「富不過三代」，能青史流芳的大富翁，並不完全把他的遺產留給子孫，英明的決策是捐獻，或者託付給舉止不俗的人、知音。

歷史會記住，如果是世襲的，會讓後世敗光他的基業；如果傳給懂的人，會發揚光大。

孔子是中國最偉大的思想家，然而最傳承孔子思想的不是孔子的後代，而是和他毫無血緣關係的孟子、王守仁等人。

聰明的創業者，並不寄希望於直系、旁系繼承，直系、旁系繼承頂多能維持幾百年，如中國歷史上最長的直系、旁系繼承周朝（西元前一〇四六至西元前二五六年）不到八百年，傳給懂的人有可能千秋萬代。

然而可惜的是，很多人在他們生命的最後一刻，並沒有可靠的弟子得以傳承衣缽。

華佗最後的日子被曹操關進了監獄。

華佗臨死前，想把在獄中寫下的著作交給獄卒，囑咐獄卒帶出去普及後人，可是獄卒不懂，斷然拒絕，華佗憤怒得把它付之一炬。

嵇康在彈完《廣陵散》，慷慨赴死之後，《廣陵散》就失傳了。

我們都擔心後繼無人，並不是非得留給自己的孩子，孩子不懂，只會糟蹋。我們應該傳給懂的人，才會耐得住時間的洗禮。

在我叫天不應、叫地不靈的數年裡，我並不願意把自己的著作權留給親人，因為他們不懂我這一行，只會讓其一文不值，我想把它留給臺灣的朋友，因為現今中華文化的根基在臺灣，他們會不辜負我的期待。

人生、事業，最理想的狀態，並不是父傳子、子傳孫。子子孫孫都是唯一的個體，有可能和你的意向天差地別，甚至背道而馳。與其讓他們啃老、失去了獨自打拚的機會，不會傳承和你站在同一條船上的人。這樣既會讓你的後世不失追求有價值的東西，也會讓你的事業注入新鮮的活力，在「得意門生」的帶動下發展到一個高峰、又一個高峰，從不間斷！

請珍惜幫你拍照的人

有時候，我們那麼辛苦，又那麼忙碌，以至於歲月太匆匆，當我們某一天忽然發現自己老了的時候，常常會後悔，為什麼沒有留下年輕時的容顏？

當然，我們不會一直年輕，如何讓我們保存生命中最美麗、最燦爛的時刻，那就是拍照！

有一個朋友，他長得很帥，但是，他性格比較內向，直到快三十歲了，幾乎沒有人知道他的長相，於是他被別人冷落了，當然他並不在乎自己的長相。

後來他遇到了一個開朗的女孩。那個女孩對他很好，帶他去遊覽了中國的名山大川。女孩上大學時是讀美術設計的，愛好攝影。女孩幫他拍了大量的不錯的照片。

他以為他們會一直在一起，後來還是因為意想不到的因素，他和女孩分手了。

他很失落，加上親戚朋友的逼婚，他又不多好意思去相親，只好在交友網上註冊了帳號，而且聯繫他的人很多！

後來他遇到了自己滿意的「白雪公主」，幸福步入了婚姻的殿堂。

有時候，即便我們長得很好看，如果歲月沒有留住我們的美，誰知道我們當初長什麼樣呢？

隨著年齡的增長，人的外貌也有所變化，我們顏值的高峰期如果沒有把相貌刻在相冊裡，我們到後來往往會後悔不迭。

當然有的人會不在乎，即使是外出也總是拍一些風景。萬一將來某一天，他想看自己以前的樣子，該怎麼辦呢？

愛美之心，人皆有之。不是因為你不好看就不需要去留影，歲月留住的不僅是你的青春，還有你的喜怒哀樂，你所有的所有都可能刻在相片裡。

那些喜歡給我們拍照的人，當然是值得我們留意的。他們為什麼會樂意給我們拍照呢？因為他們可以有炫耀的資本，他們從心裡認為我們是優秀的。

如果女生愛美，她一定不會找自戀的男生作為對象。她往往選擇的是那些外貌一般，願意帶著她到處遊玩，願意給她拍照的人。

別人光給我們拍照，也不一定是他對你是最好的。如果他還幫你修圖，把他拍你覺得很好的照片發給別人看，那麼他是欣賞你的，值得你留戀的！

人生在世，能遇到心甘情願給自己拍照的人已經不多了。

小時候，幫我們拍照的可能是我們的父母；在我們上學時，幫我們拍照的可能是我們的同學；在我們結婚後，幫我們拍照的可能是我們的另一半；在我們老了，給我們拍照的可能是我們的子女。

如果他不願意給你拍照，往往你在他心中的地位不多重要。哪個人不想炫耀他在乎的人好的一面？

他總給你拍照、修圖，說明他真的心裡有你，這樣的人是應該值得我們珍惜的。不然有可能是我們一個人顧影自憐！

即便你不想過於展現自己，但現在的社會發展得那麼迅速，你長得好看沒有人知道，歲月只會漸漸稀釋對你的印象。

我們都知道，中國古代有「四大美女」，她們當時所處的年代是沒有照相機的，但畫家把她們的影像刻在了紙上，因而後人能發現她們當時美的痕跡。同時中國歷史悠久，比西施、王昭君、貂蟬、楊玉環長得好看的女性也數不勝數，為什麼別人默默無聞，唯獨她們四人奪得了「四大美女」的稱謂呢？

不難想像，即便在今天，你要說某個明星長得好看，一定要看他的照片。每一個明星都會拍不同的照片，包括藝術照、生活照等，他們流傳出來的也多數是他們覺得滿意的。他們會從大量原圖中篩選！

他們為什麼要那樣？還不是為了留住自己好看的一面。

人們多數愛的是他年輕時的容顏，誰還在乎他飽經滄桑的臉？

在我的老家，有一位老人去世了。不過，他的遺照上是一個很老、很醜的照片！別人都以為他一生長得很難看，誰知熟悉他的人都知道，他是抗日名將，當年的他風流倜儻，不亞於現在的小鮮肉。只可惜，他並沒有留影，唯一能找到的他的照片就是他快去世時人們為了「做準備」幫他拍的照片不明事由的人會認為他其貌不揚。

我們有必要留下自己好看的時光，即便現在覺得無所謂，將來的某一天你一定會回顧，那時候照片是你最美好的記憶！

選擇對我們好的人過一生

常常會聽到這樣的感慨：喜歡的人不出現，出現的人不喜歡。

我們一直習慣在努力追尋屬於自己的那份感情路上奔跑著，往往會選擇親近自己感興趣的人，買禮物給他，接他上下班……

喜歡一個人的時候，我們常常忘記了所有，可這樣一味地付出，到最後換來的可能是對方的不領情。

也許你會為此哭得驚天動地，不明白為什麼自己的感情這麼不順，為什麼上天偏偏要捉弄你。

但就在你傷心的時候，有一個人可能會比你更傷心，他已經在你身邊默默地喜歡著你、愛你很多年了，只是你從來不知道而已。

我們往往更在乎我們喜歡的人，卻忽略了身邊對我們好的人。

孫曉是高富帥，他喜歡上了一個女明星，只是那個女明星不喜歡他。

孫曉再三追求，然而對方仍無動於衷，甚至女明星的經紀公司打電話給孫曉：「請你不要再騷擾我們的藝人，不然法庭上見！」

孫曉求而不得，很苦悶。他沒有留意到，在他的公司裡，有一個叫小琳的女孩，已經暗戀他很久了。

小琳心裡明白，自己人長得一般，家境也一般，孫曉是不會看上她的。所以她一直以來，都只是在他身邊默默付出。

這年情人節，時值上班日。孫曉打扮得很帥氣，徑直走到了小琳的面前，拿出一束花，單膝跪說：「請和我交往吧！」

小琳感動得哭了！

人到最後，往往會選擇停留在他身邊，對他好的那個人，而放棄追求不到的那個人。這是很正常的事情，何必一廂情願、不珍惜眼前人呢？但很多時候，我們都是在擁有的時候不珍惜，失去了才開始後悔。

我們都希望和自己喜歡的人在一起，都希望和喜歡的人白頭偕老。如果你喜歡的人根本不把你當一回事，別傻了！

我們總會發現，不容錯過的人是身邊對你好的那個人。和一個不喜歡你的人結婚，婚後難以快樂。

仔細留意一下，或許身邊有個人正在默默等著你，只是你從來沒有和那個人嘗試相處，說不定你們才是最合適的一對。

運動讓人生充滿生機

人類長時間地坐著，容易引發各種疾病，痔瘡就是讓人頭痛的一種。

我時常懷疑，古時候的讀書人，燈光灰暗、三更燈火五更雞，他們近視了怎麼辦？可沒見古時候有戴近視鏡的習慣。

我時常為禪師們捏一把汗，他們長年累月靜坐，怎麼少有人得痔瘡？

我們就顯得比較不濟，之前愛好游泳、爬山，身體健壯，如今長時間地居於一室，目光呆滯、無精打采。

我也是不幸中的一員，二十多歲生龍活虎的年輕人，一個不留神，口腔潰瘍、皮癬、貧血、痔瘡等第一次找上了門。

疾病的紛至沓來，不論你年齡，不管你身分。

這日日夜夜痛徹心扉，讓我明白：運動是生命的主旋律。無論何時何地，不能好逸惡勞。

我已經打算好了，待我放飛如自由的鳥兒，要好好地享受北京別樣的美麗。我第一件要做的事是，去北京「十大佛寺」、「十大道觀」、「四大清真寺」牛、「九大教堂」禮拜、采風。謝謝那些沒把我害死的人讓我變得強大。

我也會乘坐公車、地鐵，前往森林公園、沿河畔打卡，跑步、打網球。

我還要在灰牆灰瓦的胡同流連忘返，在古色古香的四合院植樹栽花、飼狗養魚，自高聳入雲、氣勢不凡的中央電視臺俯瞰。

我還要體驗敲鑼打鼓伴奏的街舞，極富幽默感的相聲。春天，陣陣東風拂面放風箏；夏天，戶外活動爬長城；秋天，霜葉紅透賞西山諸峰；冬天，冰雪覆蓋踏皇家園林。

這些所有的所有，以彌補近年的缺失。

萬一某一天，旦夕禍端應驗到我身上，我就可能後悔來不及了。

趁陽光還好，趁我還年輕，這個世界我該去走一走了。搖身一變成為背包客，與一直嚮往的大自然、名勝古跡、人文風情親密接觸。

若有可能，投奔一個善待我的國家或地區長住。環境要是優雅，我既可以愉悅身心，又鍛煉體魄，更有精力為社會謀取福利。

我的粉絲會希望我魅力不減，我的家人會希望我一日優勝於一日……往事如煙，過去所有的提心吊膽風輕雲淡。

我過好接下來的每一天，關心我、愛我的人放心，我才能以更飽滿的姿態回饋他們，也讓所有的人滿意、羨慕。

為什麼有時候覺得日子過得快？

有句話說，「山中歲月容易過，世上繁華已千年」，當我們醉心於做一件事情，或者習慣

了日復一日的生活，時間會「刷刷」地從我們眼前溜過。一轉眼，幾個月過去了；一念間，一生就可能走到了盡頭。

我之前曾專心於伏案寫作，那是我的愛好及專長，我陶醉於其中，僅僅在二〇〇六年就創作了兩千多首詩歌。那時候總覺得日子不夠用，也感覺時光飛逝。

後來為了生存，我不得不被迫地做著很多不感興趣的事情，那讓我覺得度日如年、在沒有意義的領域裡浪費青春和生命。

人啊，像趨利避害的動物一樣，自己願意做、有價值的會樂在其中；在他人的指示下去做，提不起內在動力的，會覺得枯燥乏味。

同樣是作家，古龍、路遙都活了四十多歲，古龍一生留下了七十多部小說，部部都如雷貫耳；路遙的只有一兩部小說為世人知。可以想像，路遙的創作之路要比古龍難走得多。

怪不得有人讓我去臺灣，那樣我會集中精力發揮所長、留下精品，若只是在中國，須為醫療、教育、房產等焦頭爛額，我可能會懷才不遇、鬱鬱而終。

什麼樣子的環境造就什麼樣子的人！

古來的修仙者、修道者，在世俗的眼光看來，他們活得很無聊。其實不然，他們之間有造詣者，內心是很自在的，十年彈指一瞬間。

只要傾注於某一項修行，縱使外面時光匆匆，也覺得如白駒過隙、彷彿還在昨天。

時間一分一秒，滴滴答答，不增不減，變得是我們的心境。我們會因滿懷期待或焦灼，覺得時光停滯不前；我們會因為發現「人生如蜉蝣朝生暮死」覺得要今朝有酒今朝醉。

神話傳說人物會一代一代相傳，其中有不少人物看淡了你爭我奪，把每一個波瀾不驚的日子過得精彩絕倫。

耐得了平凡，平平淡淡也是真，會千年如一日；有過多的幻想與欲望，求而不得、半途而廢，會寧可少活一百年。

酒後的十三種醉態，歡迎對號入座！

無論你是外出旅遊，還是和親人們團聚，無論你是待在家裡哪裡都不去，還是去公司裡加班……酒，似乎成了一種必須品！

酒是種讓人捉摸不透的東西，它有時讓人清醒，有時讓人糊塗。

有的人，在喝酒前，表現得一本正經，而一旦喝了酒，就有了不同的動作和神態，這樣的人都是什麼樣的人呢？

喝酒後變得沉默寡言

這一類人性格外向，平時很活潑，備受大家的喜愛。他們酒後會變得沉默寡言，這是因為在他們內心深處正在思考著某一問題，正在讓心中的不安或迷茫借酒發洩出來。

喝了酒開始哭

這一類人平時總是笑臉盈盈，一旦喝了酒，就是一副苦瓜臉，嚎啕大哭。可以看得出，這一類人平時並不幸福，他們之所以會酒後有異常的舉動，是因為他們平時被壓抑得太厲害了。喝酒能讓他們不顧一切地發洩心中的感情！

換句話說，這一類人並不是希望別人同情他，而是表現出一副「好強」的姿態，讓別人不誤解他。

他們性格往往偏於內向，待人接物不開放，也往往是個浪漫主義者，具有很強的自我控制力，平時強烈的壓抑會使他們在酒後毫無顧忌地放聲痛哭。

喝酒後喋喋不休

這一類人性格內向，平時很有禮貌，一旦喝了酒，就會控制不住自己的情緒，長篇大論地說話。

他們往往辦事一絲不苟，對長輩也很有禮貌，只是喝酒讓他們覺得精神上的壓力少了很多，透過喋喋不休可以讓自己放鬆。

他們往往是在說著自己的不如意，然後是如何克服這些困難的。他們並不希望得到別人的幫助，他們是意志堅強的人。他們往往能在醉酒後很快清醒過來，再次投入到工作當中。

這一類人到最後往往會有一番大事業，贏得別人的尊重與愛戴。

喝酒後變得歡喜大笑

這一類人平時情緒緊張，不能開懷大笑，因為他們在生活或工作上有諸多為難，而且又無處釋放。透過喝酒，可以讓他們卸掉那羈絆，因此，在酒後往往會歡喜大笑。

喝酒後開始吵架

這一類人性格剛烈、嫉惡如仇，看到不滿的事會毫無戒備說出，因此在喝酒時難免與別人有所衝突。他們看似很強勢，其實內心是熱的，他們喜歡結交朋友，喜歡幫助弱者，會仗義執言，打抱不平！

酒後到處活動，動作很大

這一類人性格很強，有很強的反抗力，也有很強的自卑感。

他們不喜歡別人左右或配合他們的行動，一旦有別人加以干涉，他們往往就會有挫折感，他們會借酒來發洩，例如摔盤子、大聲嚷嚷等，做出一些讓周圍的人吃驚的事來。

喝酒後愛唱歌

這一類人很有活力，富有冒險精神，在工作和生活上一絲不苟，對人對事有條不紊，他們能把對與錯分開，喜歡交朋友又喜歡照顧人。

他們往往會有很好的發展前途，不怕失敗，能最終取得事業、人緣上的成功。

喝酒後開始撒嬌

這一類人平時很謹慎，給人一種強者的姿態，而一旦喝了酒，就開始對同性或者異性撒嬌。

他們看似很強，其實內心還是脆弱的，需要別人的諒解與支持。

喝酒後呼呼大睡

這一類人性格內向，意志比較薄弱，很少有創作激情和主心骨。他們把精力花費在了其他的事情上，所以在喝酒後就覺得睏，倦意湧來，呼呼大睡。

酒後半醉不醉

這一類人喝到可能醉時就不喝了，他們待人處事很有分寸，很會處理各種錯綜複雜的關係。

他們喝酒時不是大杯大杯下肚，而是一口一口品嘗。這一類人富有協調心，在團隊中能贏得別人的協助。

不斷勸別人喝酒

這一類人性格外向，虛榮心強，希望對方和自己是相等的。藉以勸別人喝酒達到讓別人醉酒的目的。這一類人具有很強的支配欲。

喝酒後若無其事

這一類人性格內向，不善交際，在平時總是一副老好人形象。他們做事小心翼翼，不想干涉別人，也不想讓別人干涉自己。

喝酒不斷喊乾杯

這一類人看似熱情，其實頗有心計，他們十分注重自己的儀錶，看起來很懂事，其實很固執。

與這一類人交往，要坦蕩無私，不然有可能得罪對方。

六種跡象，代表你可能要走運了！

每個人都希望自己好運連連，也認為「越努力，越幸運！」但有時候並不是你累得精疲力盡，你的人生才過得有滋有味。

聰明的人並不會盲目去追求，聰明的人總善於捕捉機會。

機會很難得！誰也不知道能改變命運的機會何時會降臨。

於是幾乎每個人都懷著一下子翻身的想法，迫於現實的無奈又不得不按部就班去生活。

我們何時才能走出不如意的現狀呢？其實一個人轉運是有跡象的。

第一：有貴人相幫

那些出入有萬千人寵愛、有萬千人擁戴，他的背後必然有支持他有能耐的人。

古時候的公主可以全天下選駙馬，到滿意為止，哪怕這個公主其貌不揚、好吃懶做；古時候的平民女子就沒有那麼幸運了，就沒有那麼多選擇的餘地，哪怕她德才兼備、容貌姣好。

為什麼有那麼大的差別呢？因為公主背後有全天下的掌舵者——「皇上」撐腰，平民女子背後只有不起眼的，身為老百姓的父母了。

可以這麼認為，一個人的機會和他的出身、背景有關，家庭情況好的人，往往會一帆風順。不過，人生路中充滿著變幻莫測，很多時候，我們無法「靠爸」，只能靠自己。

在自己行走的風風雨雨日子裡，只靠一個人會走很多冤枉路。

如果這時候有一個貴人，貴人就像你前進路上的指明燈，會讓你有明確方向，更快到達成功。

第二：發自內心地微笑

有句話說：「禍不單行！」我們遇到了困難越消極，越容易陷入混亂不堪。

這時候，如果冷靜、從容、心態陽光，就不會總為小事糾結。

心態陽光的人格局看得遠，會對眼前的磨難一笑而過。會堅信：熬著熬著，苦日子就會到頭，幸福就會來到！

第三：經常被別人誇耀

我們每個人都渴望得到別人的贊同，如果你的努力別人都視為不見，那麼你會心灰意冷；如果你總能聽到別人對你的讚美，那麼代表你得到了別人認可，你將來的路也會更開闊，你也會走得更為順暢。

第四：家庭和睦，夫妻融洽

我有一個朋友，她二十二歲時還只是個窮學生，後來她找到了一個善待她的老公。十年過去了，如今的她在事業上順風順水。現在她總是開心活著。

同時我還有另外一個朋友，他二十二歲時比那個女孩厲害多了。在當時，那個女孩還把他當作崇拜的偶像。

十年過去了，這個男性朋友日子過得讓人惋惜，事業上也不見起色。為什麼呢？因為幾年前這個男性的朋友交了一個女友，他的女朋友心機太重。他對她愛得深沉，結果她把他傷害後就消失得無影無蹤。他因為走不出感情上的挫折，導致生活、事業跟著大打折扣。

俗話說：「娶壞一門親，害了三代人。」如果一個人出生在一個支離破碎的家庭，和他的對象兩天一小吵、三天一大吵，那麼這個人的結局往往是悲劇的。

俄國大文豪托爾斯泰最後在一個小車站去世，遺言是不想見到他的妻子，原因是他和妻子的關係不和。

多麼讓人心痛的情況！

同理，那些沒有良好家庭教育背景的人，在學生時代容易打架、鬥毆，在走向社會後往往不做正經的工作很有可能惹禍上身。

由此一個人要想走運，家庭和睦，和對象的關係融洽真的很重要！

第五：真的去嘗試了

之前我們求不得，往往是因為我們害怕失敗，沒有勇氣去追求。

漸漸我們會明白，有些事情你還真的需要親自去體驗。親身、拋開所有的顧忌去嘗試，很有可能改變你以前武斷的看法。你會過上一個不後悔的人生！

我認識了一個自由職業者，他說他很小的時候很想環遊世界，只是沒有錢，他直到工作兩三年後還活在幻想之中。

後來，他意識到趁年輕、再不去實現兒時的夢想，以後就可能沒有機會了。於是他打消了所有的雜念。辦了護照，這些年，果斷去了埃及、俄羅斯、日本、巴西、模里西斯等他曾經想去的地方。

他如今變得神采奕奕，他說他過上了自己想要的人生。

餘生不長，我們拋開所有的「不可能」，勇於去嘗試，就可能有奇跡出現。

那些不安於現狀，總愛拚搏進取，有冒險、探索、創新精神的人，往往是命運女神青睞的幸運兒。

第六，在獨處時穩住內心。

很多人都討厭孤獨，所以寧願裝作去合群，也不願意在一個人的寂寞中去修養自我。

結果這些人就像常人一樣，難以出類拔萃。

那些在獨處時不急不躁的人，往往會大器晚成。

諸葛亮被劉備請出茅廬之前，姜子牙在沒有遇到明主周文王之前，他們已經歲數很大了，可誰知道他們經過了多少默默無聞的日子呢？

所以急功近利要不得，在獨處中磨礪稟性，有可能迎來大運氣。

第十章：最差的時光遇見最好的自己

別讓生命留下遺憾

我一直希望能做時代的弄潮兒，無愧於天、無愧於地，直至二〇一八年，他們像販賣人口一樣，從此以後，我一再被騙；從此以後，少了些許被尊重；從此以後，無法正常上班、工作；從此以後，習慣了做噩夢；從此以後，人生價值大打折扣；從此以後，身如浮萍、風雨飄搖、痛苦、絕望……

這一日一日，這一年一年，他們說我病犯沉痾，我開始從陽光到頹廢、從安靜到絮絮叨叨、從積極進取到萎靡不振、從主宰命運到隨波逐流。

我看開了生死，彷彿一夜之間老了幾十歲。

匈牙利詩人裴多菲說：「生命誠可貴，愛情價更高。若為自由故，兩者皆可拋。」現在都什麼年代了，一個不小心，我們就可能被軟禁，叫天天不應、叫地地不靈。

我從一九九八年開始自學創作以來，遭遇了太多不幸。我的願望很簡單，只做一項對人類社會有價值的事業，即便一生有可能拿不了諾貝爾獎也無悔。我努力過了，我辛苦過了，我相信，正如一本書上而言：

一個人，如果一生都在改正缺點，那麼，到了生命終點時，缺點可能還沒改完，卻因為毫無特色而成了一個平庸的人。另一個人終其一生，都在發揮自己的長處，最終他脫穎而出成了大家說的「天才」。

英國詩人拜倫說：「寧可轟轟烈烈短命而死，也不願意平平庸庸長命而活。」每個人終歸會死的，我們不知什麼時候就不自由了，魯迅說：「浪費別人的時間，等於謀財害命。」

改變世界的是怎樣的人？

那些文科榜首、理科榜首，為什麼多數後來銷聲匿跡？那些一出場就震驚四座的人物，為什麼當年的學業成績不是很好？

如果你畢業於名牌大學，也許能找到好的工作，但充其量只是一個普通人。因為上學的那一刻，才可能是你人生的巔峰期。

「資優生不能改變世界」不僅局限於中國，世界頭號高度發展國家美國也一樣。有調查顯示，美國百萬富翁讀書時期的平均成績，只是中間水準。

為什麼會這樣呢？美國具有全球影響力的《時代》週刊專欄作者埃里克．巴克爾說：「學校裡的成績並不能決定一個人的一生，那些『好學生』，善於取悅、善於迎合，卻失去了對原有東西的熱忱，肯定不會有激情、願意花時間去突破。有的人則比較極端，敢質疑老師、敢質疑權威，恰恰是這一不隨大流，『讓他們非常之功必待非常之人』。」

改變歷史的進程，靠的就是走極端。別人做不到，你做到了，你就有可能青史留名。

那麼，是你想極端就極端的嗎？答案是否定的！不是每個人都具有極端的基因。

科學研究顯示，人體內有一個叫 DRD4 的基因，有的人的這個基因變異成了 DRD4——7R。帶有 DRD4——7R 的人，小時候表現為兒童過動症，他們在旁人看來，不聽話、不遵守規則。如果他們在一個冷漠、受虐待的環境中長大，他們就會表現出反抗的特徵；如果他們在一個溫暖、受重視的環境中長大，他們就會表現出不辭辛勞、自強不息的特徵。

很遺憾的是，具有 DRD4——7R 這種變異基因的人，對環境的要求很高，他們不像普通人在哪裡幾乎都能生存，環境不對口，他們就會淪落、頹廢，甚至被認為是敗類；環境剛剛好，他們就能取得極大的成功。

電影《X 戰警》裡，幾位主角身上有特殊的基因變異，他們異於常人、有超能力，一開始別人對他們不是羨慕，而是歧視。

時勢造英雄。改變世界的人在正常的環境中會很難過，他們打破規則，做一些極端的事情，才能表現出色。

改變世界的人，會清楚自己的特長，尋找適合自己的環境，並不是讓自己去適應環境。

很喜歡《醜小鴨》這篇童話：醜小鴨小時候受盡了欺辱、吃盡了苦頭，最終居然長大成為了最美麗、最受歡迎的白天鵝。因為它本來就是一顆天鵝蛋，只是陰差陽錯出生在鴨子窩裡罷了！

在我本該綻放的時節，卻被塞進了一個枯燥無味的環境，被隨意騷擾。他們說一個優秀的人應該讓自己去適應環境，豈不知生活在九重霄、以瓊漿玉液為食的鳳凰，如果某一天被人類強行關進籠子裡、天天喂以糟糠，它只會慘死。

改變世界的人，不是改變自己去適應環境，而是尋找適合自己的環境，甚至改變環境。當然，那種恰到好處的環境不一定能找到、不一定在某個歷史階段存在，所以改變世界的人是極少數。

改變世界的人，在普通人的眼裡，他們是「怪物」。

有一個人，他腿短、身子長、手臂細、手和腳特別大，這是瘋狂包攬奧林匹克運動會金牌的美國游泳健將菲爾普斯。

普通人有兩隻耳朵，梵谷有成就時僅有一隻耳朵，梵谷患有嚴重的精神分裂症，但偏偏是這一特徵，成就了前無古人後無來者的印象派名畫家。

改變世界的人，不會老老實實安於現狀，在特殊的環境裡，才能發揮才能。

你永遠不知道孤獨有多麼重要

我喜歡安靜的環境，它會讓我保持內在的獨立和自主，在重新設計的臥室裡和水平如鏡的曠野上，更能營造出我的生活，和大自然配合得默契。

如今，越來越多的人習慣孤獨，喜歡一個人吃飯、一個人睡覺、一個人看電影、一個人旅行，把孤獨過成了一個人的狂歡。

德國科隆大學心理學家麥克．盧曼說：「孤獨的人會出現普遍的健康問題，會因為孤獨導致縮短他們的壽命。」

結果不免令人沮喪。孤獨如何能變成一件好事？麥克．盧曼接著說：「要與別人恢復聯繫，保持社會交往，不管你年齡有多大，始終是一個好主意。」

人是社會的動物，我們的生存需要依賴社會關係。絕大多數的人在日常生活中會感到孤獨，這是很正常的。人與人存在差異，對某些人來說，孤獨不是什麼壞事，有可能是一件好事。

諾貝爾文學獎獲得者馬奎斯在他的著作《百年孤獨》中這樣寫道：「生命從來不曾離開孤獨而獨立存在，無論是我們出生、成長、相愛，還是成功、失敗，直至最後的最後，孤獨猶如影子一樣存在於生命的每一隅。」

孤獨，已讓越來越多的人活得輕鬆、簡單。

在孤獨的時候，也是在尋求生活方式變化的時候，生活品質不會因為少了別人大打折扣。

當人們厭倦了燈紅酒綠、紙醉金迷，需要更多的精神慰藉，孤獨能排解人們精神方面上的壓力。一個人靜一靜，收穫的滿足和治癒未曾減少。

更多的調查表明，多國的單身青年、獨居老人在呈上升的趨勢。且隨著城市化的發展、科技的變革，一個人生活也越來越便捷。我們可以借助網路和科技，使生活成本大大降低，既豐富靈性，又活出自己。

人與人之間的陪伴，不再僅僅是心靈上的寄託。養兒未必能夠防老。

孤獨的人在現實生活中脫離人群，害怕被打擾，正如文學名著《湖濱散記》的作者亨利·梭羅所說：「我就像住在大草原上一樣的遺世獨立，我擁有屬於自己的太陽、月亮和星辰，一個屬於我一個人的世界。」

孤獨催生了很多大人物。哲學家、藝術家、科學家……只有在孤獨的時候才會潛心創造。人應該學會與自己相處，歡樂的時候畢竟很短暫，孤獨是一種常態。

我們無法從根本上消除精神上的孤獨，但卻可以解決獨立生活的問題。與孤獨相處，保持高度的自我認同和對個體的推崇是當務之急。

不合群，有這三種特徵，路會越走越好！

人是群居的動物。在很多人的觀念中，合群才會有好人緣，才會擁有不錯的社會地位。不過，人與人的性格、個性不同。有的人就不善溝通，他們看起來被疏遠了！

心理學研究認為，不合群的人雖然缺少人際交流，但由於特立獨行，往往具有巨大的潛能。

社會心理學著作《烏合之眾》（*Psychologie des foules*）中有這樣一句話：「人一到群體中，智商就嚴重降低，為了獲得認同，個體願意拋棄是非，用智商去換取那份讓人備感安全的歸屬感。」

當有以下這三種特徵，不合群的人路會越走越好！

第一：知道自己的夢想並勇敢追求

一個人應該知道自己想要什麼！光有夢想還不行，還要去追求。在追夢的道路上，人們往往會遭到別人的非議。不過，不合群的人往往有自己獨到的見解並堅持到底。很多時候，正是因為對夢想的堅持，我們才能贏得別人的刮目相看。

每個人所走的路不同，形單影隻的老虎是不會與只知道貪圖享樂的綿羊為伍！

第二：有強大的內心

在經歷了很多次失敗後，我們容易失去自信、變得懦弱。這樣往往會一蹶不振，以後的日子更難有起色。心理學研究認為，越是有強大內心的人，越容易「東山再起」！失敗只是暫時的，沒有隨隨便便的成功。內心強大的人敢正視不如意，能越過眼前的坎，邁向成功！

第三：在獨處的時光中提升自己

每個人都難免會遭遇孤獨。在孤獨的時候，是「今朝有酒今朝醉」，頹廢過日子呢？還是讓自己更積極、堅強面對人生呢？人要能耐得住寂寞，懂得去享受獨處的時光！心理學研究認為，越是有能力的人，越會去打磨自己，不因別人搖頭而否定自己。這一類人會潛心沉澱，用

實際行動去實踐

美，人們有著怎樣的共識？

什麼是美，每個人的認識是不同的。青菜蘿蔔各有所好！不過在普遍程度上，人們的審美觀是達成共識的。人們都會認為西施是美的，東施是醜的；孟光是又矮又胖的，甄宓是婀娜娉婷的……千百年來，人們對美也幾乎形成了一致的共識。

上古時，人們對美沒有多少概念

在上古時期，由於人類還沒有文明，他們活著大多數是為了衣食上豐足，冬天不挨餓，冷天能暖和就行了。當時人們對美並沒有多少概念。

美的延伸

隨著人類文明的發展，人們越來越意識到「美」存在的重要性。他們不但對身邊的自然萬物產生了興趣，也對人類本身產生了興趣。

人們會情不自禁接近那些美好的事物。當然他們也有反感的事物，會試圖遠離那些他們不喜歡的。

人們偏愛美好的事物

在人類歷史文明的進程之中，往往會有「同性相斥，異性相吸」這個自然規律。男的和女的會因為好感走到一起，繁衍生息。如果一個人討厭另一方，在現今自由選擇的社會之中，他會對那個人避之唯恐不及。因此能圍繞在我們身邊的人，多數是對我們認同、有好感的人。

人們往往會對那些美好的事物予以想像，總會把他們得以美化。在一些影視劇中，那些女主角、嬪妃們往往長得貌若天仙。不過在現實中她們的外貌也有可能只是差強人意。

導演會選擇那些漂亮的人演主角。看來他們都認為主角理應讓別人眼前一亮、驚為天人。

人們對美的闡釋便在其中！

「女神」、「男神」，因時代不同有不同的判斷標準。

人們對美的認知除了個人因素，還受制於時代的影響。

在漢朝的時候，人們以瘦為美，體態輕盈的趙飛燕就是代表，據說她可以在掌上翩翩起舞。趙飛燕深得漢成帝的賞識。

到了唐朝，人們以胖為美。唐朝人認為姿質豐豔、體態豐腴的楊玉環是他們眼中最標緻的美女。

時至今日，有的人會喜歡瘦弱的女子，有的人也會喜歡胖嘟嘟的女子。你不能否認別人的這種喜歡，你沒有必要強求一律。這樣，各種美才會異彩紛呈！

人們對男子美的認識也是有所不同的。在南北朝時期，陰柔的衛玠是當時美的代表人物。衛玠是中國「古代四大美男」之一，他有一次來到了下都，「粉絲」久聞其名，紛紛圍觀，把衛玠圍得水泄不通。衛玠由於體弱，當場就暈倒了，後來回到家不久後就過世了。為此，人們有「看殺衛玠」的說法！

不過在很多時代，人們往往會認為好男兒理應「拋頭顱，灑熱血」，「流血不流淚」，「男兒有淚不輕彈」……這是陽剛的男子美的一種象徵。

特別是在古代西方，男子們往往樂於展現他們發達的肌肉、健壯的身軀，他們也因此為榮！

時至當下，人們的審美產生了「男神」和「女神」這兩種概念。

無論是「男神」還是「女神」，他們會俘獲很多人的芳心，讓很多人為之神魂顛倒。

自己足夠好，你就是最美的

沒有十全十美的人，你也不可能讓所有的人都喜歡你。

我們要接受這一份現實，只要自己足夠好，你仍是更多人眼中的最美。

打造充滿溫馨和諧的家

家是一個人的歸宿，我們當然期望家是我們棲息的港灣！但也有不幸福的家庭！很多時候，幸福是我們一手打造的，如何營造良好的家庭環境和氛圍呢？

唐朝文學家、哲學家劉禹錫在他的名作〈陋室銘〉中說：「斯是陋室，惟吾德馨。」如此，才能「談笑有鴻儒，往來無白丁」。

一個人家的好壞，並不在於家夠不夠奢華，溫馨、浪漫的小確幸才是最值得擁有！

要不，為什麼有不少人喜歡去酒吧、咖啡廳、飯店等消費，而不去有同等可以消費的路邊攤、速食店呢？僅僅是因為前者比較乾淨、衛生嗎？非也！

那些地方布置得比較溫馨，置身於那樣的環境中，會讓我們忘掉了尷尬與噪雜，從而會感受到了美好。

細心的朋友發現，酒吧、咖啡廳、飯店等吸引人經常去的原因，還可以從它們的外觀或者內在上有所展現。比如有些酒吧的門設計為藍色的大門，推開藍色的大門，就猶如開啟了一場夢幻之旅，會不禁讓人聯想到藍色的大海、白色鬆軟的海灘、振翅飛翔的海鷗，牆壁上掛著各種風格的畫冊，會讓人感受到溫暖與和諧；有些咖啡廳從周邊看，很像一座城堡，桌布色彩斑斕，牆上有很多外國的小擺設，比如牛角酒瓶、阿拉丁飛毯，讓人感受到濃濃的異域風情；有些飯店光線很柔和，柔和中還帶有一絲淡淡的暖，加上舒緩的流行的音樂飄蕩，會讓我們疲累的心靈得到放鬆。

但是，不用羨慕這些地方的風情基調，你也可以打造一個充滿溫馨、有和諧的家，只要你有一顆善良而美麗的心靈。

最簡單的辦法就是學插花，把大自然的花草帶回家。花寓意著美好、浪漫和生機，你可以在客廳裡掛上常春藤，在臥室裡放盆山百合，這會彰顯你的品味，同時又賞心悅目、淨化空氣！

其次，要學點色彩搭配學，讓家中的一景一物都相得益彰。

你可以翻閱家居雜誌，逛逛 IKEA。從中會找到方向，大到格局，小到擺飾，真是讓愛家的你過足眼癮。你可以找到一款自己喜歡的風格，直接照搬下來，也可以深入研究，找到與自己小家風格的具體切入點。

第三，家具的選擇應該根據房間的主色調來選擇。如果是冷色的房間，這時候家具的顏色以淺藍、淺綠適宜；如果是暖色的房間，這時候家具的顏色以較深的米色或者淺橙色、淺褐色為適宜。同時，房間內其他用品的選購，也要與房間的總色調相協調。

第四，家具的選擇的標準要少而精，盡量能突出主人的品格與操守，一架古琴就能看出主人的修養，幾條素雅的書法條幅或者意境幽遠的山水畫，就能看出主人待人接物上的分寸！

第五，小飾品也必不可少。在單調的房間之中，如果牆上以照片或者香囊或者其他的小飾品裝飾，那麼勢必會給人「萬綠叢中一點紅」、眼前一亮的感覺！在煩悶的時候，看看這些小飾品，它們有的還在微風拂過之後發出清脆的聲響，如此會讓我們在回味過去中而忘卻了煩惱。

第六，可以在家中開闢一個不大的地方，專門用作家庭餐廳，用於家人吃飯、小聚的時刻，也可以作為慶祝生日、開Party的場合。桌布的圖案也要藉以抒發自己的情懷，例如：配以自己喜歡的花型或者色彩，會讓自己有彷彿入夢境中的感覺。

第七，如果家中有空房，可以用做書房，也可以作為孩子的臥室，布局要選擇自己喜歡的高格調的書籍，或者對孩子寄予希望的色調的搭配。

第八，也可以開闢一個小會議室，裡面放上別樣的茶具，在自己意亂心煩的時候到裡面品茗，或者朋友造訪時在裡面接待，其樂融融！

移民的動機是什麼？

移民需要有錢、有權、有才等，移民不是一件很容易的事。

我們不可能一直在一個地方生活，當心灰意冷、萬念俱灰之時，我們就可能離開原來的傷心之地，頭也不回、無所顧忌去開始新的人生。

當到了一個新的環境，如我們所料時，自然有相見恨晚的感覺，恨自己一開始就生活在了錯誤的地方；如有新的問題重生，我們也不打退堂鼓，既來之、則安之。

移民不同於喬遷，需要我們決絕地做出選擇，稍有不慎，就會萬劫不復，但我們無怨無悔。

有不少人被攻擊，甚至生命遭到威脅、面臨株連九族的命運，他們痛心疾首，漂洋過海，避開了不必要的紛爭和禍害。

移民並不是不愛國，在一個國家生如奴隸，不如到另一片區域活出更好的自己。

古來那些不甘外族的壓迫，他們會遷徙到遙遠的地方繁衍生息。

那些消失的民族，如匈奴，有人說他們在民族大凋零時並沒有從歷史上徹底消失，而是殘餘部落西遷到歐洲，成了匈牙利、羅馬利亞等國人的祖先。

「四大名著」之一的《水滸傳》，在風起雲湧的梁山一百零八條好漢殘敗之際，有一個叫李俊的豪傑，他到了現今的泰國，成為了當時的暹羅國王。

曾經的英國號稱「日不落帝國」，它的殖民地遍布全球。在每到一片處女地時，當時的英國人就會從本土移民到那裡。

如今，世界領土面積第二大的加拿大、領土面積第四大的美國、領土面積第六大的澳洲，有不少英國後裔。英語也是世界上使用最廣泛的語言。

移民，不僅僅再是逃避，而是更好地傳承與延續。

自有一處任我們馳騁，任我們翱翔。此處虐我們如下賤，自有一處待我們如初戀。

在我身邊，有四成的人想要移民。有幾個原因：第一，他的父母在國外工作，為了給他

良好的醫療、教育等，他更樂意接受改變；第二，他在中國遭遇了非人的對待，一輩子難再有機會抬得起頭來，他不甘墮落，淪為階下囚；第三，他喜歡他國的文化或環境，想選擇自己的嚮往；第四，他為了個人的發展，到一個溫暖、有愛的地方，更好激發潛能。

很多人都以為演員明星是一等一的帥哥美女，靠臉蛋吃飯，其實，長得更好看的大多在窮鄉僻壤，只是他們沒有機會或時運不濟，大多一輩子默默無聞。

那些生得好的，靠父母的光輝，不費吹灰之力，享受著眾星捧月的感覺；那些沒有背景的，縱使很努力，也可能功未成、業未就，徒留一身遺憾。

為了讓孩子不輸在起跑線上，很多開發中國家的名人喜歡把孩子生在已開發國家，如影視演員王寶強，在他還是中國國籍的時候，帶妻子馬蓉把兒子王子豪生在美國。他兒子擁有了美國綠卡，就能確保他兒子將來高人一等嗎？後來王寶強的妻子馬蓉劈腿經紀人宋喆浮出水面，一度在國內鬧得紛紛揚揚，甚至超越了當年里約夏季奧運會的關注程度，真讓人大跌眼鏡！

可別忘了，那些讓我們耳熟能詳、崇拜的偶像，有很多已入外國籍，如陳凱歌是美國籍、吳亦凡是加拿大籍、趙本山是加拿大籍、金城武是日本籍、斯琴高娃是瑞士籍、張鐵林是英國籍等。

當年朝鮮的「脫北」者，本該在韓國擁有幸福的後半生，如若被遣回朝鮮，根據朝鮮的法律，他們很有可能被終身勞教，再次回到人間地獄！

像我們出版這一行，如果和中國的合作，他們會強迫你讓你說誰是壞人你就得說誰是壞人，讓你給誰唱讚歌你就得給誰唱讚歌，不然不給你出版、懲罰你、制裁你。他們不尊重作者，翻臉比翻書還快，你只是他們用時招之即來不用時，棄之如敝屣的工具。如果和臺灣的合作，他們把你當朋友、可塑之才，理解你、尊重你、善待你。試問，你是願意任人宰割，還是有自尊、有尊嚴地活著？在哪裡地位高，在哪裡更像是當家做主，不言而喻！

不要責怪他人把家園拋閃，與其觀看他們身心被摧殘，不如祝願他們到一個愛他們的地方從頭再來！

為什麼週六、週日的時候比較寬心？

一年又一年、一月又一月、一日又一日，別人都在進步，我們卻原地踏步，自然心裡煩悶。

週一到週五，如果我們無事可做或者無法做擅長的事情，容易滋生憂愁。

週六、週日就不同了，別人休假，我們可以在喜歡的領域發揮所長，那一份失落感也隨之蕩然無存。

週六、週日是難得的靜謐好時光，無人打攪，我們可以沉澱心情，輕鬆、愉快有所收成！

魯迅說：「我哪裡是什麼天才，只不過是把別人喝咖啡的時間用在工作、學習上。」這些年來，我之所以能創作很多作品，是因為在別人遊玩、卿卿我我的時候，我完全沉醉在文字裡。

我知道，時光一去不復返，我今日不努力，明日就有可能被淘汰。所以，我爭分奪秒，以一個人的能力勝於一個團隊。

如果我們更努力，會事業上更勝一籌。

成功在於一點一滴累積，今日鬆懈，明日有可能一事無成。

趁別人遊戲人生，趁別人虛度光陰，抓緊做積極、有意義的事，會有成就感，心裡獲得安慰。

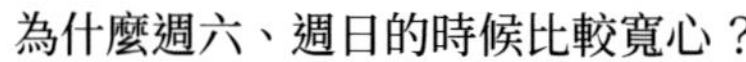
為什麼週六、週日的時候比較寬心？

國家圖書館出版品預行編目資料

生在中國，我很為難：封鎖一切消息、被動接受結果、無法自由批判……一本書帶你傾聽中國人的心聲 / 佳樂，莫宸著 . -- 第一版 . -- 臺北市 : 崧燁文化事業有限公司 , 2022.08

面；　公分

POD 版

ISBN 978-626-332-643-9(平裝)

1.CST: 言論集

078　　111012191

生在中國，我很為難：封鎖一切消息、被動接受結果、無法自由批判……一本書帶你傾聽中國人的心聲

作　　者：佳樂，莫宸
發 行 人：黃振庭
出 版 者：崧燁文化事業有限公司
發 行 者：崧燁文化事業有限公司
E-mail：sonbookservice@gmail.com
粉 絲 頁：https://www.facebook.com/sonbookss/
網　　址：https://sonbook.net/
地　　址：台北市中正區重慶南路一段六十一號八樓 815 室
Rm. 815, 8F., No.61, Sec. 1, Chongqing S. Rd., Zhongzheng Dist., Taipei City 100, Taiwan
電　　話：(02) 2370-3310　　傳　　真：(02) 2388-1990
印　　刷：京峯彩色印刷有限公司（京峰數位）
律師顧問：廣華律師事務所 張珮琦律師

定　　價：350 元
發行日期：2022 年 08 月第一版
◎本書以 POD 印製